AF414088

ENTRE ALAS

MEMORIAS DE UN CORAZÓN POR
RONIT CHERNITZKY

Entre Alas
Ronit Chernitzky

Primera edición
Textos copyright 2018 por Ronit Chernitzky

ISBN: 978-9962-17-893-4

Diseño caratula y contracaratula: Glory Setton & Esther Benzion
Diagramación interior e Impresión: Tingestudio.co

En nuestras vidas
todos los días tenemos
que tomar decisiones.
A veces son tan sencillas
como elegir el sabor de helado
que nos gustaría comer,
o decidir qué ropa nos vamos a poner.
Otras veces tenemos que decidir
si queremos luchar
por nuestra vida, o no.

Este libro está dedicado al hombre
más valiente que conozco,
mi compañero de vida, mi alma gemela
y mi mejor amigo.

Sammy, no encuentro palabras
para describir el enorme agradecimiento
que siento por tu amor y dedicación,
por tu respeto y por la forma tan especial
en la que me cuidas.
Yo no necesitaba que fuera fácil,
sino alcanzable, y tú lograste que así fuera.
En esta historia podrías haber sido una víctima,
pero, en cambio, decidiste ser un héroe.
Tenerte como esposo es una bendición invaluable,
viviré eternamente agradecida por tenerte en mi vida.

Mi amor por ti es más grande
que todas las estrellas en el cielo

Prólogo

Existen diferentes caminos que se presentan en la vida de una persona. Algunas veces tienes el privilegio de elegir cuál tomar, y otras veces terminas en uno inesperado.

Hay caminos que son rutas principales, están bien delineadas, y tienen señales acerca de la velocidad permitida o advierten la llegada de curvas peligrosas.

Mientras vas por el camino, esperas tomar las decisiones correctas y llevar el control del volante, pero hay momentos en los que, a pesar de tener el mejor de los planes, terminas en una desviación... y entonces, todo cambia, no reconoces dónde estás, no hay luces, ni señales, ni otros carros circulando.

En esos momentos, la única forma de salir, es seguir hacia adelante. Quizá pudieras encontrar algún retorno y tratar de regresar, pero, ¿qué sucedería si esa no fuera una opción? ¿Qué tal si no hubiera suficiente espacio para girar el carro? o ¿si el camino de regreso estuviera cerrado?

Esa desviación es el camino secundario, es aquel que te ofrece la posibilidad de nacer de nuevo. Sin embargo, es un camino oscuro, difícil, desagradable.

Y mientras avanzas, puedes acelerar, para después ir a vuelta de rueda, sin saber dónde está el siguiente agujero que te puede hacer perder el control, provocar que te estrelles, y dejarte tirado para siempre.

Pero es el camino en el que te toca transitar..., y de repente, de forma inesperada te lleva hacia el lugar más hermoso que has visto en tu vida. Ese lugar es la segunda oportunidad... y es entonces cuando entiendes la ironía del miedo que sentiste, te queda claro que lo bueno comienza con un poco de temor.

El proceso para llegar al presente fue retador, sin embargo, una vez que llegas, aprecias ese nuevo lugar, agradeces la segunda oportunidad como un regalo para vivir...

para vivir mejor...

para darte cuenta de lo que eres capaz...

No recorrí este camino sola. Muchas personas me acompañaron
e hicieron que todo fuera posible.

Algunas de esas personas han compartido su voz para contar
mi historia, ellas son:

Sammy - esposo

Mami - mamá

Tita - suegra

Carla - hermana

Tali - hermana

Jacky - hijo

Joseph - hijo

Raquel - hija

Ariela - hija

Sharon - amiga

Sofy - amiga

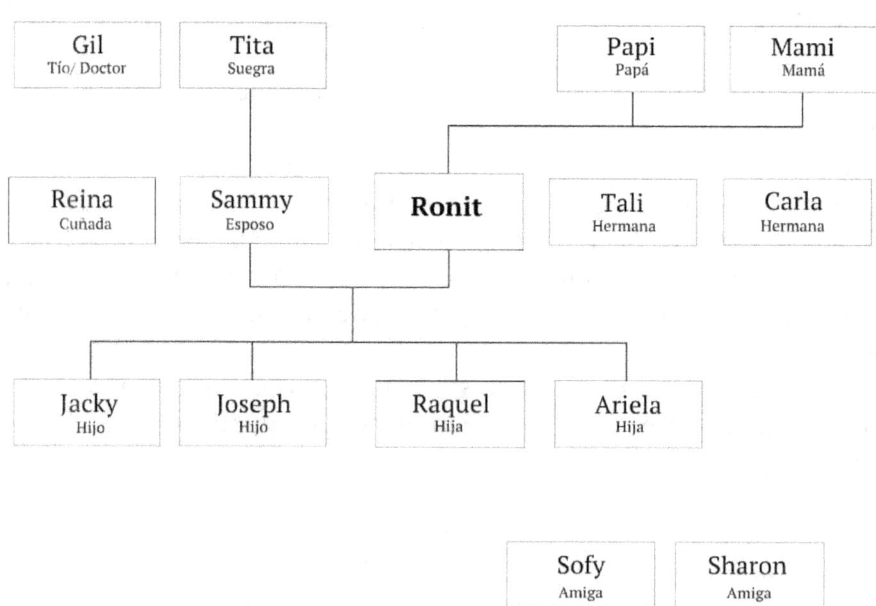

Nota del Autor.

Como una forma de respeto, escribí el nombre del creador
de la siguiente forma: "D—s".

Índice

CAPÍTULO 1
Una dificultad en el camino

A veces no nos damos cuenta de las bendiciones
que tenemos hasta que ya no las tenemos.
Aprecia todas las bendiciones en tu vida,
no des ninguna por sentado

Catherine Pulsifer

Miércoles, 11 de junio de 2014, Panamá

6:15 a.m. La alarma me despierta y mi día comienza como cualquier otro, sin una sola pista sobre el martirio que estoy a punto de sufrir. Mi rutina diaria consiste en cambiarme de ropa e ir al cuarto de mis hijos para despertarlos y luego ir al cuarto de mis hijas, para ayudarlas a que se alisten para la escuela. Les prendo la regadera y les pregunto lo que quieren desayunar.

7:00 a.m. Luego de darles un beso de despedida, regreso a la cama. Generalmente no hago eso, pero hoy me siento exhausta. La tos que tenía desde ayer no ha mejorado y mi voz suena cada vez peor. Recuerdo que la noche anterior recibí llamadas de mi papá y de mi esposo Sammy, les escribo para pedirles que me envíen mensajes de texto y así no tener que hablar.

11:00 a.m. Al despertar llamo al doctor. Lo vi hace dos días debido al dolor de garganta, pero sólo me mandó reposo. Le comento que me siento mucho peor, a pesar de haber descansado toda la semana. Me da una cita a las tres de la tarde, Javi, mi chofer me lleva.
Tomo el elevador hasta el quinto piso que es donde está el consultorio, pero cada minuto que pasa me siento más y más cansada. Mientras estoy en la sala de espera, siento un fuerte dolor en el pecho y debilidad. La secretaria me informa que el doctor está retrasado y tardará unos minutos más.
Cerraré los ojos para descansar mientras espero.
—¿En serio te sientes tan mal? —me pregunta el doctor cuando finalmente aparece—. Bueno, ven, pasa y siéntate.

Me recuesto en la camilla para que me revise la garganta y escuche mis pulmones. Con esfuerzo puedo mantener los ojos abiertos.

—Es obvio que te sientes peor, puedes tomar una medicina para la garganta, pero lo mejor es que te vayas a casa a descansar. No hay nada que podamos hacer aquí.

—Me siento muy mal. ¿Me puede recetar algún antibiótico o algo más fuerte? —le pregunto.

—Si quieres te puedo ingresar en el hospital y atenderte ahí.

¿Cómo?, pienso. Ahora sí estoy confundida. Si necesito ingresar al hospital, entonces no estoy bien, pero Sammy está en un viaje de negocios. Estoy sola con mis hijos, y algunos de ellos están enfermos. Ariela apenas tiene un año y me está esperando en la casa, afortunadamente está con la nana, pero si me quedo en el hospital, ¿qué pasará con ellos?

—No, gracias. Si consideras que puedo ir a casa, prefiero estar con mis hijos —respondo.

—Tómate el medicamento para la tos y no fuerces la voz.

7:00 p.m. Niños, voy a estar en mi cuarto, por si me necesitan. Por favor no se duerman tarde.

Ayudo a mis hijas a acostarse y les doy su beso de buenas noches. Me siento exhausta al caminar hasta mi habitación. El dolor en el pecho se intensifica. Imagino que mi mente no coopera porque ni siquiera recuerdo la última vez que comí. Claro que con este dolor de garganta es difícil pensar en comida. Sigo creyendo que esto es peor que un resfriado. Sólo quiero recostarme. Espero sentirme mejor por la mañana.

Jueves, 12 de junio, 2014

6:15 a.m La alarma del celular me despierta. De nuevo me levanto, sólo para caer sentada. Respiro profundo. En mi pecho se escucha un fuerte zumbido.

Tengo que levantarme y alistar a mis hijos para que se vayan a la escuela. No tengo fuerzas, pero tengo que hacerlo.

El camino hasta el cuarto de las niñas parece eterno. No puedo hablar más que en voz muy baja, así que las muevo suavemente para despertarlas. Luego voy hacia el cuarto de los niños. Los despierto, prendo la regadera y me voy. Regreso a mi cuarto a acostarme. Trato de concentrarme en lo que tengo que hacer, pero mi mente está en otro lado.

7:00 a.m. Trato de levantarme, pero no puedo. Finalmente logro caminar hasta la cocina para despedir a los niños, y descubro que perdí la voz por completo, les doy un beso y les deseo que tengan un gran día en la escuela. Me preocupa la dificultad que siento para respirar. Llamo a una amiga, logro forzar la voz para susurrar, Sharon, llévame al hospital, por favor. No me siento bien.

—Claro —me contesta—. Déjame bajar a mi hija al bus y voy por ti. Espérame en el lobby, llego en quince minutos.

7:45 a.m. Entramos en el hospital y me piden que me cambie la ropa por una bata y que los espere en uno de los cuartos de emergencias. Dicen que estoy deshidratada y que me pondrán suero, luego me harán exámenes de sangre y radiografías.

—Llamé a Sammy para decirle que estás en el hospital —me dice Sharon—. Ya está en camino de regreso de Miami.

Una enfermera viene a darme noticias. Su examen de influenza salió positivo, al parecer no hay nada más que hacer por parte del hospital. Estamos llamando a su doctor para confirmar si la damos de alta para que descanse en su casa.

Mi suegra llega al hospital, Sammy la debe de haber llamado. La preocupación en su cara es evidente.

—Jamás te había visto así, Ronit, iré a casa y te prepararé una sopa para cuando llegues.

11:00 a.m. Mi amiga Sharon me lleva a casa.

—Por favor cuídate mucho —dice mientras me deja en la puerta del edificio—. Esa tos que tienes está terrible, no puedo creer que te hayan dejado salir del hospital sin que tu doctor te haya revisado.

—Creo que me siento mejor que en la mañana. Gracias por todo.

Me bajo del carro, y veo los tres escalones para entrar a mi edificio, me siento mareada, pero sigo caminando. Mi única meta es llegar hasta mi cama.

2:00 p.m. Sammy me levanta del suelo, me habla pero no entiendo lo que me dice. La servilleta en mi mano tiene manchas rojas. ¿Será sangre? Trato de levantarme, pero me siento débil y me desvanezco de nuevo.

—Te llevaré al hospital, está a cinco minutos. Todo va a estar bien.

Las imágenes van y vienen. Veo el hospital y a las enfermeras. Veo una camilla. Me hacen preguntas pero no puedo contestar.

—Ronit, vamos a tener que ponerte un tubo en la garganta para ayudar a tus pulmones a sanar —dice el doctor—. Están en muy malas condiciones. Vas a estar dormida, será únicamente por tres días.

En cuestión de segundos mi vida cambia por completo, me estoy desviando hacia el camino secundario que tanto le temía, siento que estoy en caída libre hacia un vacío en donde me envuelve la oscuridad.

CAPÍTULO 2
Incertidumbre

La fe es tener el coraje de arriesgar.
No es tener certeza; es la capacidad
de vivir con incertidumbre .
—Jonathan Sacks

Día 1

Sammy

A las seis de la mañana la llamo para ver cómo está, de inmediato me doy cuenta de que tengo que regresar. Me apresuro para llegar al aeropuerto. Ronit está enferma, pero no creo que sea grave, sin embargo, quiero estar ahí para ayudarla a recuperarse.

Llego al aeropuerto a las siete de la mañana. Mi vuelo sale en una hora y media. ¿Tendré suficiente tiempo para pasar seguridad y migración? Tengo mis dudas, pero de igual manera lo intento. Cuando finalmente llego al mostrador, sólo quedan 45 minutos para mi vuelo. La carrera y agitación me hacen sudar. Milagrosamente me dejan abordar el avión, al parecer la suerte está de mi lado hoy, estoy tan cansado que me duermo durante el vuelo.

Al aterrizar, me apresuro a llegar a la casa. Entro a buscarla pero no la veo por ningún lado.

—Ronit, contéstame.

Nada.

Entro a la habitación y encuentro a mi esposa semi inconsciente sobre la cama, trato de ayudarla, le traigo agua y una medicina para la garganta. Pasan veinte minutos y no veo mejoría, comienza a toser, me toma un momento darme cuenta que está tosiendo sangre.

Tenemos que ir al hospital.

La levanto y con mucho esfuerzo logro llevarla hacia la puerta de nuestro cuarto.

—Prefiero descansar... déjame descansar —susurra—. De repente se cae al suelo.

En ese momento decido: No la puedo dejar en casa en ese estado.

La cargo hasta el elevador, la llevo hasta el carro, y nos apuramos a llegar al hospital. Su doctor no está disponible para atenderla, entonces buscamos a otro doctor en el área de emergencias. Su cara lo dice todo: mi esposa no está bien. Un doctor nos dice que sus niveles de oxigenación están muy bajos y que necesita tratamiento de inmediato.

¿Cómo llegó a estar así de enferma? Pensé que era sólo un resfriado. ¿Por qué está sangrando? ¿Qué le ocurre a mi esposa?

Mientras nos alistamos para ingresar a la Unidad de Cuidados Intensivos —UCI—, ella trata de contactar una amiga cercana para indicarle las medicinas que nuestros hijos deben seguir tomando. Ronit hace todo eso mientras entra y sale de un estado de inconsciencia. Finalmente entramos a cuidados intensivos. El doctor me informa que deben intubarla y dormirla durante tres días.

¿Qué? ¿Unos días? ¡Debe estar bromeando!

Después de lograr asimilar lo que está sucediendo en tan poco tiempo, siento que sólo han pasado minutos desde el momento en el que me llamó Sharon. Ahora es tiempo de hacer LA LLAMADA. Tengo que llamar a sus padres, y decirles que cada minuto que pasa, Ronit está empeorando.

Sharon

12/06/2014

Nity,

He decidido escribirte esta carta para explicarte lo que está pasando. Estás enferma. Me siento frustrada y no puedo entender lo que sucede. Te llevé a casa después del hospital esta mañana. Sí, tenías fiebre, pero dijeron que no era serio. Que tienes influenza, una fuerte gripa, y que a pesar de lo mal que te sentías, lo mejor que podías hacer era ir a casa y descansar.

Sammy llegó hace unas horas y te llevó de regreso al hospital. Apenas llegaste dijeron que tu nivel de oxígeno estaba muy bajo y que lo mejor que podían hacer era intubarte para ayudar a que tus pulmones se recuperen. Dijeron que sería por tres días. No puedo creer que estabas consciente y hablando conmigo hace apenas unas horas.

Deseo que pronto podamos reírnos de esto. Deseo que no sea tan serio como se ve. Estamos todos muy preocupados.

Sharon

Día 2

Sammy

Pensé que la sala de emergencias sería lo peor, pero no pude haber imaginado lo que sería cuidados Intensivos. Primero nos encontramos con el doctor encargado, el médico intensivista, cargado con un ego insuperable. Me lleva a una habitación poco iluminada y comienza a hablar.

—Tengo que ser sincero contigo. No tengo buenas noticias, tu esposa tiene un 2% por ciento de probabilidad de vivir, lo más seguro es que no sobreviva más de dos noches. —Luego para de hablar, y yo, como un simple mortal, comienzo a llorar y a llorar. Estoy en un estado de trauma.

¿Podemos hacer algo? ¿Puedo yo hacer algo?

No lo tengo claro. Mi mente está abrumada tratando de comprender.

Deambulo por el hospital sin saber hacia dónde dirigirme. Mis lágrimas no se detienen, están hablando del dolor que siente mi corazón, porque no me salen las palabras. Unas horas después, mi cerebro comienza a funcionar de nuevo. Tengo que llamar a mi tío Gil, que siempre ha sido como un hermano mayor, además de ser uno de los mejores médicos generales y gastroenterólogos de la Ciudad de México. Si alguien puede hacer algo al respecto, será él.

Después de explicarle la situación, me da unas recomendaciones, nada muy trascendental, pero, al escuchar mi voz, decide volar a Panamá y revisar a Ronit en persona. Necesito conseguir más opiniones y saber si mi esposa va a sobrevivir. Hasta este momento comenzamos a comprender lo delicado de la situación.

Tita

Se acerca el fin de semana, en nuestra familia acostumbramos cenar juntos los viernes por la noche, para celebrar Shabat. Obviamente esta semana será diferente. Sammy me pide que cocine en su casa la cena para ellos y para los familiares que han venido a Panamá. El silencio impera durante la cena. Nadie quiere ocupar el puesto en la cabecera de la mesa, ese es el lugar donde se sientan Ronit y Sammy. Comer es difícil. La comida se siente pesada por su ausencia. Este sentimiento es muy extraño.

Sammy, mi hijo, no deja a Ronit sola ni un momento en el hospital. La angustia y el desconcierto se notan en su rostro, necesita de mucho apoyo, necesita confiar en los doctores, y necesita fuerza para seguir adelante. Con tanta incertidumbre, ¿será que podrá mantenerse firme?

—Ma, por favor encárgate de los niños —me dice Sammy—. Tengo que estar en el hospital con Ronit permanentemente.

Me es difícil consolarlo, me pesa el alma, pero tengo que mantenerme firme en mi fe.

Día 3
Sammy

Gil llegó hoy. Espero que en el hospital lo dejen ayudar a Ronit. Saber que él está ahí es un alivio para mí. Otro doctor panameño dice que Ronit tiene una bacteria, que su corazón late a 140 latidos por minuto y que eso podría provocar un paro cardiaco. Veo a mucha gente en la sala de espera, nadie sabe qué decir, estamos tratando de encontrarle sentido a lo que está sucediendo.

Tita

El apoyo de los demás es constante, algunos visitan la casa, tratando de ayudar de alguna manera, es muy conmovedor, otros hacen sentir su presencia enviando comida preparada, escribiendo cartas de apoyo, y otros acompañándonos en silencio, sin encontrar palabras en esta situación tan inusual. Los parientes cercanos siguen llegando desde diferentes países.

Carla

Hace unos días me dijeron que llevabas varios días en el hospital. Luego recibimos otra llamada pidiendo que fuéramos a Panamá lo más pronto posible. Nuestro papá dice que tu situación ha ido empeorando con el tiempo. Tengo tanto miedo... He comenzado a sentir un dolor que jamás había experimentado. Me aterra perderte, no volver a verte, que mis hijos no vuelvan a verte… Quiero ir a Panamá y comprobar con mis propios ojos lo que te está pasando. Tali y yo decidimos ir a Panamá dentro de dos días.

A los dos días Tali y yo nos encontramos a bordo de un estresante vuelo hacia Panamá. No sabemos lo que encontraremos al llegar, los minutos parecen extenderse hacia la eternidad. Siento las lágrimas caer, mientras estamos sentadas en el avión, con las manos entrelazadas, tratando de consolarnos mutuamente. Acordamos irnos directo del aeropuerto al hospital, quiero verte, hablarte y decirte que todo va a estar bien, pero honestamente, ni siquiera sé lo que está sucediendo.

Cuando finalmente llego a tu habitación en el hospital, entro en *shock*, nunca esperé ver algo así en mi vida. Estás acostada en la cama, frágil, vulnerable, y conectada a demasiados aparatos. En ese momento, mis miedos se vuelven más reales.

Día 4
Sammy

Empiezan a aparecer manchas moradas en sus manos y piernas. El doctor no me dice por qué le está sucediendo esto. Imagino que tiene que ver con la circulación de la sangre, sigo sin saber cómo ayudarla. Gil tuvo que regresar a México, pero lo llamaré para averiguar lo que me recomienda hacer. Me siento perdido y completamente impotente.

Carla

Pensé que verte me haría sentir mejor. Pensé que sabría qué hacer, cómo ayudarte. Ahora que te tengo cerca, siento un inmenso dolor. Salgo de la habitación y me encuentro a Sammy. Es en ese momento en el que pierdo el control.
—Sammy, ¿no hay nada que pueda hacer para ayudarte? —pregunto.
Qué frágil es la vida que puede cambiar en un momento, y el miedo sigue creciendo…
Esta puede ser la última vez que vea a mi hermana…
Pienso en ti, y empiezo a rezar para que te recuperes. Me vienen a la mente recuerdos que aparecen como una película en mi cabeza de cuando éramos niñas y jugábamos juntas, compañeras de diferentes capítulos de nuestras vidas, me acuerdo de los viajes, de los lugares a los que íbamos, de la música que escuchábamos.
¿Te acuerdas esa vez que fuimos a Acapulco? Compartimos momentos muy especiales. Todos mis recuerdos del pasado están atados a ti. No puedo imaginar mi vida sin ti.

Tita

Hay una pared en su casa que se ha convertido en un testimonio del amor que la familia comparte. La pared está cubierta de fotos, esa es razón suficiente para darse un tiempo y explorar esos hermosos recuerdos de la familia.

Cumpleaños, viajes, celebraciones… y en casi todas las fotos sobresale la sonrisa de Ronit. Se ve radiante con el amor de su familia, con su amor por la vida misma. Es una colección de casi 17 años de vida juntos. Esas fotos son como imanes que me atraen una y otra vez, especialmente durante las madrugadas, cuando el sueño me elude. Reviso que los niños estén bien y paso la noche pendiente de darles sus medicamentos.

Así transcurren los días. El vacío es inmenso en la casa. Los niños, que padecen de un resfriado, añoran estar con su mamá. Los cuatro, independientemente de sus edades, la necesitan muchísimo, están acostumbrados a tenerla todos los días, a tener su amor y cariño guiándolos.
A menudo me preguntan: ¿Cuándo? ¿Cuándo regresará mami?
Ronit se ha dedicado completamente a la maternidad, y más aún con su recién nacida, Ariela. Observar la devoción de Ronit durante 12 años en los que ha sido madre y ha dado lo mejor de sí misma, es presenciar un milagro. Poder ver ese amor—apreciado, compartido, y celebrado— es maravilloso, y demuestra cuán hermosa es Ronit.
Admiro muchas cosas de ella, es cariñosa, alegre, intuitiva, persistente, siempre queriendo alcanzar metas, pero sobre todo, tiene un inmenso deseo de ayudar, de dar, de estar ahí para los demás de cualquier manera posible. Siempre tiene el deseo de crecer como individuo, de aprender. Llena de amor y compasión a mis nietos, y yo trato de ayudarlos de la manera en la que lo haría su madre.
Sin embargo, cuando los acuesto por las noches, puedo ver en sus rostros esa melancolía que pesa en mi corazón.

Sharon

15/06/2014

Nity,

Ya van cuatro días y aún no se ve mejoría. De hecho, cada vez te pones peor… Nity, antes tenías una salud inquebrantable. ¿Qué te ha pasado?
Veo a Sammy siempre en el teléfono hablando con su tío Gil, que ahora está de regreso en México. Se pasea de un lado a otro, hoy lo vi afuera de tu habitación, en cuclillas y reclinado contra la pared, llorando. No puedo ni imaginar lo que pasa por su mente.

Hace una hora, el doctor vino a decirnos que te pusiste peor, que no entienden lo que sucede. Es una noticia devastadora. Ninguno de nosotros entiende lo que pasa.
Tengo fe en ti. Sé qué harás lo imposible por sobrevivir, sin importar los retos.
No puedo olvidar algo que una vez me dijiste: que la única cosa a la que le temías era a no poder estar ahí para tus hijos.
Por favor mejórate. Te necesitamos con nosotros,

Sharon

Día 5
Carla

La situación está empeorando.
El miedo crece. El pánico se apodera de todos, pero yo me repito que no puedo perder el control. No en este lugar. No en este momento. No en frente de Sammy.
Tenemos que ser fuertes. Puedes superar esto. Puedes sobrevivir. No debes sentir mi angustia. Necesitas fuerza. Necesitas que luchemos por ti. Por tus hijos. Por Sammy.
Lo que necesita Sammy es un hombro donde apoyarse, y eso sí lo puedo hacer, puedo darle ese apoyo.
En este momento, parada en el pasillo del hospital, decido creer que tú puedes hacer esto, Ronit. Puedes sobrevivir. Tienes que hacerlo. Tienes tanto por qué vivir, y lo más importante, por quién vivir: tu familia.
Cada vez que te vea, aunque estés en terapia intensiva, voy a animarte y a darte palabras de aliento.
—Vas a superar esto, vas a mejorar, tú puedes sobrevivir. Y vas a vivir, Ronit. ¡Lucha!
Sin importar lo que suceda, estaré aquí para ti.

Día 6
Sammy

El doctor que Gil recomendó, un doctor cardiovascular de México, propone hacerle un examen especial para tratar de comprender la falta de circulación en las extremidades de Ronit. Los doctores de Panamá no están de acuerdo, dicen que los resultados tomarían entre 24 y 48 horas y no creen que Ronit sobreviva tanto tiempo. No voy a aceptar esa actitud. No voy a rendirme y a dejar que mi esposa muera.

Luego de hablar con el comité administrativo del hospital, finalmente aceptan hacer el examen, esperamos que el resultado nos indique las causas de las coagulaciones. Y si logramos dilucidar eso, es probable que identifiquemos la causa de lo que está pasando.

A la una de la madrugada caigo rendido, no he dormido bien durante varios días. Un par de horas después, dos de mis amigos me despiertan para decirme que están listos los resultados. Ronit padece algo que se llama Síndrome antifosfolípido catastrófico (CAPS, por sus siglas en inglés). Es una rara y peligrosa enfermedad, que se caracteriza por una trombosis intravascular que conlleva a la falla de varios órganos vitales.

Tita

La mamá de Ronit regresó tarde anoche, y en su rostro era evidente la tristeza y la frustración. Había pasado el día entero en el hospital esperando buenas noticias que jamás llegaron. Cruzamos miradas y nuestro silencio lo dijo todo. Nuestros ojos hacen contacto, pero también nuestros corazones. Trato de animarla y darle esperanza. He intentado, noche tras noche, ser fuerte y mantener la fe. Sus ojos se ven tristes, sin brillo, transmiten el dolor que sólo una madre puede sentir.

Sammy rara vez visita la casa, y cuando viene, se queda lo suficiente para ver a los niños, recoger medicamentos, y llamar a su tío Gil, quien, al ser el doctor en la familia, puede guiarlo mejor y proveer consejos. Acuerdan que Gil regresará a Panamá.

Día 7
Sammy

El doctor de Panamá llama a mi suegro, a mi suegra, y a mí a una pequeña sala para hablar. El doctor usa por primera vez la palabra amputación.

Y me pregunto, ¿esto de verdad está sucediendo?

Volteo para ver a mis suegros, me parte el corazón mirarlos en ese estado. Todo está pasando muy rápido. Nada tiene sentido, lo que no hace más que generar dolor y mucha confusión. La ansiedad llena el ambiente. No sabemos qué hacer. No confío en el doctor. Necesito salir y tomar aire. Necesito llamar a Gil y decirle lo que está pasando, para saber si lo que el doctor nos está diciendo es real.

Mami

Veo a mi hija conectada a todos los aparatos posibles en el hospital, y tiemblo. Acabamos de tener una reunión con un grupo de doctores, el papá de Ronit, Sammy, y yo. Dijeron que hay que amputar su mano derecha. Me provoca un gran impacto escuchar lo que temía desde que vi sus extremidades tomando un color morado, cuando el doctor termina de hablar, la habitación queda en completo silencio.

—Haremos lo que sea necesario para salvar su vida —dije finalmente.

Me levanté y corrí hacia el baño, en el camino me acerco a una esquina, mis rodillas se doblan y comienzo a llorar inconsolablemente.

—Llora, mami —me dice mi hija Tali, mientras se acerca—. Es momento de llorar. Estoy aquí contigo, pero recuerda algo importante, Ronit es más que una mano.

Día 8
Sharon

Nity,

Hoy fui a tu casa, es horrible no verte ahí. Tus hijos se están recuperando, ya no tienen fiebre, pero todos te necesitamos aquí. He decidido no pensar en cosas tristes, voy a intentar ser positiva, recordar los buenos tiempos que hemos vivido juntas. Recuerdas cómo siempre te hago reír, ¿verdad?

Sé lo exigente que eres, en especial de cosas como dónde vas a dormir, las sábanas de cama que te gustan, tu almohada favorita

Bueno, pues si tan solo pudieras ver las sábanas en las que estás durmiendo ahorita en el hospital, podría jurarte que te levantarías en un instante.

Sammy

—¡Nadie conoce a Ronit mejor que yo! Sé que ella será de ese 2%. Ella va a pelear, Gil, por favor regresa a Panamá y llévala a un lugar donde tenga una verdadera oportunidad de sobrevivir.

—Es arriesgado, pero creo que vale la pena —dice él.

—Los doctores panameños me explican que implica un gran riesgo sacarla del hospital, dicen que no lo va lograr. ¿Qué piensas tú?

—Tiene una fiebre muy alta. Viajaré mañana, y haré todo lo posible para llevarla a México y tratarla ahí —dice Gil.

Día 9
Sammy

El Doctor Gil llegó y puso todo en orden para que pudiéramos irnos a México al día siguiente. Incluso consiguió un avión ambulancia para transportar a Ronit, él y yo la acompañaremos, estoy haciendo planes para que mi familia nos alcance lo antes posible. No sé cómo resultará todo, pero definitivamente tienen que venir conmigo, estoy seguro de que será lo primero que pregunte al despertar. No podría decirle que los niños se quedaron en Panamá. Estoy ansioso por salir de este país y dejar atrás esta pesadilla.

Sharon

22/06/2014

Nity,

Hoy te fuiste a México, Sammy y los doctores están muy preocupados, no están seguros de si vas a soportar el viaje.
Tita, tu mamá, y los niños se irán mañana.
Estoy segura de que estarás en las mejores manos, por favor, mejórate y regresa con nosotros.
Has dejado un gran vacío en Panamá.
Te extraño y te quiero mucho.

Sharon

CAPÍTULO 3
Destino

Es cómo abrazamos la incertidumbre en nuestras vidas lo que conduce a las grandes transformaciones de nuestras almas
Brandon A. Trean

Me siento atrapada, como si estuviera bajo una capa de hielo de la que no puedo salir. No quiero estar aquí. Todo es negro. No hay nadie a mi alrededor. Es como estar en un mundo vacío, pero a pesar de estar atrapada en este mundo congelado, aún puedo escuchar a las personas, puedo oír los sonidos de las máquinas y de la gente que habla a mi alrededor. Quisiera salir de aquí y alcanzarlos, pero no puedo.

Tali

Hoy te están trasladando en un avión ambulancia hacia México, estamos esperándote en la sala de emergencias. Hay mucha gente aquí, no sabemos qué nos espera, debido a tu delicada condición, los doctores no pueden garantizar que llegues con vida. Es un gran riesgo el simple hecho de viajar, y en especial en avión.

Estamos sentados en el hospital esperando a que llegues, viendo al reloj marcar los segundos. Se siente tanto silencio, que escucharíamos la caída de un alfiler. Sólo nuestras emociones llenan el vacío, estamos asustados, tristes, y confundidos. Intentamos hablar de cosas cotidianas, como si no fuera algo tan monumental lo que nos tiene aquí reunidos. Cuando llega la ambulancia, salimos a recibirte, se abren las puertas y te bajan en una camilla. Estás cubierta con una sábana, conectada a miles de máquinas, y a un tubo largo que entra por tu nariz.

Estás en coma, pero me pregunto… ¿estás sintiendo algo? ¿Tienes dolor?

Veo a mi papá parado frente a mí, por un segundo, pareciera que se tambalea, como si estuviera en un barco, apenas me doy cuenta del movimiento, cuando sus rodillas se doblan, y dos familiares corren a ayudarlo, para que no se caiga. Estar ahí, y ver a mi papá ser sostenido, justo como él lo hacía con nosotros cuando éramos pequeñas, me llena de terror.

Es en ese momento comprendo que la palabra "miedo" tiene un significado muy diferente al que yo creía. Miedo. Usamos la palabra tan seguido, que pierde su verdadero sentido. Tanto así que tan pronto lo experimentas, no te permite pensar en nada más, te consume por completo, y te puede llegar a paralizar, aun cuando ves cómo tu mundo se destruye frente tus propios ojos.

Los primeros días en el hospital han sido los más aterradores. El miedo continúa consumiéndome cada día. Curiosamente, a pesar de esto, no estoy asustada. ¿Cómo puedo sentir miedo, sin estar asustada? Porque creo, mejor dicho, sé que algún día nos reiremos de nuevo, que estaremos juntas, a pesar de las probabilidades que se nos imponen, sin embargo, es el miedo que veo en los ojos de los que te aman lo que me tiene petrificada.

Carla

Desde el momento en el que supe que te traerían a México, me sentí un poco aliviada, estarías en mejores manos, y sentí un poco de esperanza de que todo mejoraría. Nos explicaron que aún había riesgo de perderte, por la condición tan delicada en la que estabas, también te poníamos en riesgo al estar muy cerca de ti.

A pesar de que el viaje fue corto, me alegré de saber que llegaste bien. Esta pequeña alegría es como un respiro en medio de tantos momentos de angustia y del miedo que hemos sentido que, a veces, me consumen por completo.

Los doctores nos dijeron que llegaste a México y que te transportarían en ambulancia hasta el hospital. Caminábamos por el estacionamiento, esperándote, cada vez que escuchaba una sirena, tenía la esperanza que fueras tú. Cuando finalmente llegaste, después de una eterna espera, mi corazón latió con pánico, quería saber si llegaste al hospital a tiempo. Nos habían advertido lo riesgoso que sería el viaje, pero, ¿qué alternativa teníamos? Te queremos con vida.

Esperaba con ansias escuchar a los doctores decir que llegaste bien, y que harían hasta lo imposible para que te recuperes. Ojalá nos dijeran cuáles son los siguientes pasos.

Traté de mirarte, pero estabas en la camilla, y apenas pude ver un pedacito de tu cara. Una sábana blanca cubría el resto, no pude contar las máquinas a las que estabas conectada. Te veías tan vulnerable...

Lo vas a lograr. Lo vas a lograr. Lo vas a lograr, repetía en mi cabeza una y otra vez.

Vi a tantos doctores reunidos junto a la ambulancia, que perdí la cuenta, Gil se acercó a mi esposo, que es ortopeda, y le dijo que tendrían que hacerte unas amputaciones. En ese momento fue cuando entendí que nuestro mundo se volteó, no podía siquiera pensar en lo que te pasaría. Le preguntaron a mi esposo si quería asistir a la operación y ser el médico a cargo por ser de la familia, pero de inmediato se negó, pensó en tus hijos…, no quería que lo vieran como el doctor que le amputó las extremidades a su mamá.

La amputación puso la realidad en perspectiva, este era el momento decisivo ya que el daño en tu cuerpo no se podría revertir.

Los doctores tienen que amputar tus pies y manos para salvarte, lo más importante es seguir adelante, y que puedas continuar con tu vida. Los doctores dicen que los siguientes días serán críticos.

Estaba segura de tu fortaleza para soportar cualquier cosa, tenías la fe por encima de todo, y esta te guiaría sin importar el camino, sabía que apenas despertaras nos ibas a necesitar más que nunca.

Teníamos que ser fuertes, y enfrentar esta terrible experiencia que nadie esperaba. Lo que al principio pensábamos que no era más que un simple resfriado, nos cambió el mundo. No podíamos flaquear, a pesar que nos matara verte en esa condición, tan cerca, pero al mismo tiempo tan lejos. No puedo ni imaginar lo difícil que resultaría para ti, Ronit.

Por fin llegó el sábado, el momento de tu cirugía. Desayunábamos en el hospital, esperando noticias de los doctores que te estaban operando.

Llamaron a Sammy y le dijeron que era el momento de amputar, era casi imposible de aceptar, después de eso no habría marcha atrás. El momento había llegado. Tenía mis dudas acerca de cómo sería tu vida de ahí en adelante. ¿Cómo ibas a tomarlo todo estando dormida? ¿Sentirías dolor? ¿Sabrías lo que te estaba pasando? ¿Cuál sería tu reacción cuando te despertaras? En ese momento sentí una horrible sensación, una mezcla de consternación con desconcierto sobre lo que nos esperaba al otro lado de la cirugía.

Cuando entré a la habitación después de la operación, estaba petrificada, sin saber lo que vería. ¿Podría reconocerte? ¿Seguirías siendo tú?, pero apenas te vi, me impactó lo tranquila que te veías, era la primera vez que podía ver tu cara.

Me acerqué a ti, apreté tu brazo y dije, te quiero.
Y me quedé viendo tu tranquilidad.
—Estoy segura que serás capaz de enfrentar lo que sea, lo que te traiga el destino, y sé que tienes la fortaleza para seguir adelante.

En ese momento supe que todo iba a estar bien, de alguna forma supe que tú sabías lo que estaba sucediendo, y estabas tan tranquila que supe que no podría estar equivocada.
Todo iba a estar bien.

CAPÍTULO 4
Oscuridad

"Sin la oscuridad, nunca veríamos las estrellas"

Stephenie Meyer Crepúsculo

Se presentan pequeños momentos de claridad, pero nada está claro. Un día escucho la voz de Sammy diciendo que estamos en un avión, que me están llevando a México para que me traten ahí. No sé distinguir qué es real y qué es un sueño, apenas recuerdo pequeños fragmentos mientras escucho su voz, me dice que está conmigo, y me promete que todo va a mejorar.

Ni siquiera distingo el día de la noche. ¿Cuánto tiempo he estado así? ¿Cuántos momentos pueden sentirse igual? ¿Serán pesadillas? En mis sueños siempre estoy sufriendo problemas de salud. Sueño con doctores y de pronto tengo algunos pensamientos muy extraños, pero sin sentido. Sueño con mis hijos, y que no puedo estar con ellos. No logro ver mi cuerpo, sólo sé que no puedo moverme. Siento demasiada angustia. Siento que no puedo hacer nada para salvarme. Sé que lloro, me siento extremadamente indefensa.

Es ella... escucho la voz de mi mamá. *¿Entiendo bien? ¿Me está rogando que mejore?*

Siento la necesidad de despertarme, pero cuando intento abrir los ojos no puedo. Estoy avanzando a través de una niebla, queriendo alcanzar su voz. Intento forzar mis párpados para que se abran, pero no sucede nada. Me siento exhausta. Me invade la oscuridad y caigo en un profundo sueño.

Mami

Ya le hicieron la amputación de la mano derecha y el pie izquierdo. No puedo creer esta pesadilla. He llegado en ayunas al hospital todas las mañanas, durante dos semanas, deseando poder donarle cualquier parte de mi cuerpo que le pueda servir.

Cada vez que la visito, digo un hermoso rezo, luego le hablo, le imploro, POR FAVOR, *despierta mi querida Ronit.* Pero no sucede nada. Esta rutina se extiende día tras día. Las horas se mezclan entre sí. El día se convierte en noche, y luego en día nuevamente. Así sucede, hasta el momento en el que digo un rezo especial, y veo una lágrima rodar por su cara. Me siento extasiada, fue la sensación más hermosa que he sentido.

—Puede oírme. ¡Ha regresado! —le digo a Sammy cuando salgo a buscarlo. Ese momento me llena de esperanza.

Los destellos de conciencia continúan, y de pronto escucho a mi hermana Tali.

—Tus hijos están bien, he estado con ellos, algunas veces salimos con mis hijos también, y pasamos tiempo juntos. No te preocupes por ellos, Ronit. Están bien.

Siento que mi cuerpo experimenta algunos momentos de paz antes de que el dolor regrese. Lo único que sé es que estoy muy enferma, puedo sentirlo en cada parte de mi cuerpo. El único momento en el que mi angustia se alivia, es cuando escucho la voz de Sammy. Lo escucho rezar con una enorme devoción. Lo más hermoso de este sueño es oírlo rezar y cantar una canción que jamás había oído antes. Escucharlo cantar, con tanto sentimiento, me llena de paz, aun cuando sé que lo hace con lágrimas en los ojos. Ojalá pudiera abrazarlo y decirle que todo esto es una terrible, terrible pesadilla. Ojalá pudiera decirle que lo amo con todo mi corazón, y que no quiero que sufra por mí. Intento abrir los ojos desesperadamente, pero no puedo.

Sammy

—Estás muy enferma. Desde que llegamos a México, varios doctores te han estado tratando, y estás mejorando, poco a poco —le digo y respiro profundamente—. Tienes que estar bien. Tienes que mejorar por nuestros hijos, por mí. No podemos vivir sin ti.

Quiero decirle que lo estoy intentando, que intento desesperadamente regresar con ellos. No hay otra cosa que quiera más en el mundo. Quisiera abrir los ojos, pero no puedo.

¿Cuántos días llevo en esta condición?

Escucho muchos ruidos. Escucho doctores hablando, pero no entiendo nada de lo que dicen. Escucho los suspiros de mi mamá y el sonido de las diferentes máquinas. Escucho mi nombre. Estoy segura que no es la primera vez que escucho esa voz llamándome. Quiero contestarle, decirle que lo oigo, decirle que estoy bien. Sé que estoy pasando por una condición médica, pero no sé exactamente lo que me está sucediendo. A pesar de estar paralizada en este fondo negro, donde no puedo hablar ni moverme, aún puedo escuchar lo que sucede… En particular el ruido de las máquinas y de la gente que habla a mi alrededor.

No sé si estoy bien o no. Siento frío, pero también calor. Me siento enferma pero no siento dolor.

Nuevamente escucho al hombre, parece que me conoce muy bien. ¿Será algún pariente? Sabe mucho acerca de mi condición médica.

Me habla, me dice que me harán más exámenes, pero que estoy mejorando cada día.

Cada vez que habla, me llena de calma. Siento que está cerca de mí, a mi lado, y que me está cuidando.

De pronto, en medio de la oscuridad aparece una luz brillante, disipando la neblina. No se parece a nada que haya visto antes. Mis ojos empiezan a temblar y se abren. Veo a Sammy, a mis papás, a mis hermanas y a muchos doctores. Veo un mar de movimiento.

¿Esto es real? Podría estar soñando. ¿Sería el tío Gil el doctor al que he estado escuchando todo este tiempo?

Trato de mantener los ojos abiertos, de comprender lo que me dicen, pero todo se mueve demasiado rápido.

—Ronit, te enfermaste en Panamá. Pasaste diez días en cuidados intensivos, pero no mejorabas, y le pedí a mi tío Gil que viniera a verte —dice Sammy.

La oscuridad me envuelve de nuevo.

Trato de abrir los ojos con todas mis fuerzas, Sammy ve mi esfuerzo y está a mi lado en un segundo, trata de explicarme todo.

—Estamos en el hospital. Estabas muy grave, pero estás fuera de peligro. Gracias a D—s, vas a estar bien.

Apenas recuerdo fragmentos de lo que parece ser un no muy distante pasado, y veo las escenas fuera de un orden congruente. Sammy sigue explicándome, pero mi mente no entiende nada, es como si no tuviera la habilidad de comprender. Estoy llena de preguntas, las partes del rompecabezas no parecen encajar entre sí, siento que mi memoria se detuvo, y ahora no puedo combatir el sueño. Quiero verlos, pero los ojos me pesan, estoy muy cansada. Mis párpados se cierran, algo está mal.

¿Qué me sucede?

CAPÍTULO 5
Un despertar

Hay dos formas de ver la vida:
una es creer que no existen milagros,
la otra es creer que todo es un milagro

Albert Einstein

Me despierto y Sammy sigue explicándome lo que ha pasado.

—Estuviste en terapia intensiva, pero ahora que saliste de peligro, te movieron a terapia intermedia.

Veo una sonrisa dibujada en su rostro, una sonrisa que anuncia más alegría de la que pensé que un hombre fuera capaz de contener. Aun así, tengo la sensación que quiere decirme algo más.

—No puedes moverte ni hablar porque te tuvieron que intubar, tienes un tubo en la garganta para que los doctores manipulen tu cuerpo, si es necesario.

¿Acaso es dolor lo que siento?

—No te puedes mover porque aún estás bajo los efectos de una potente anestesia. Han pasado más de treinta días desde que te enfermaste en Panamá. Estuviste en un coma que te indujeron para poderte tratar.

Tengo muchas dudas… una sábana de hospital cubre mi cuerpo, quisiera verlo. Siento tanto calor que quiero destaparme, Sammy se detiene, lo noto preocupado, pero tranquilo al mismo tiempo.

No puedo hablar, pero las preguntas revuelan por mi cabeza, estoy tan enferma, que estoy despertando de un coma inducido, además, hay dos tubos conectados a mi cuerpo, el que entra por la nariz es para alimentarme, y el otro conectado a mi tráquea es para ayudarme a respirar.

¿Por qué no puedo mover mi cuerpo? ¿Por qué insisten en cubrirme con una sábana?

El cambio de Panamá a México me intriga. ¿Cómo sucedió? Generalmente soy yo quien empaca las maletas de todos cuando vamos de viaje. Quiero preguntarle a Sammy por mis hijos, y como si me leyera la mente, comienza a hablar.

—Nuestros hijos están bien, también vinieron a México, un día después que nosotros. Viajaron con sus dos abuelitas y están viviendo con mi mamá en un hotel, están bien cuidados. La familia entera está pendiente de ellos, Ronit.

Para… para, ¡para! ¡He estado así treinta días! ¡Treinta días!

¿De verdad están bien mis hijos?

Estoy segura de que están bien, estoy segura de que alguien supo cómo empacar. No me voy a preocupar por eso, Sammy dice que mi suegra está con ellos. Estoy segura de que ella va a hacer lo posible para que estén bien.

Veo a Sammy nuevamente preocupado.

Lo veo directo a los ojos y digo en mi mente, *por favor, dime qué pasa. Puedo aguantarlo, sea lo que sea, prefiero saber.*

—Has sufrido mucho, han tenido que llevarte al quirófano cada dos o tres días para tratar diferentes partes de tu cuerpo, pero vas a regresar conmigo, con nosotros, muy pronto.

¿Partes de mi cuerpo? ¿Qué pasó?

Siento movimiento, mi cama se mueve hacia el quirófano, apenas puedo alcanzar a ver una parte de mi cuerpo. Se ve extraño, diferente, pero tengo la mente muy cargada, no puedo ver con claridad.

Me siento aturdida, como si hubiese una desconexión entre mi cuerpo y mi mente. Experimento algunas sensaciones, un hormigueo que no logro ubicar, creo que me pasan a otra camilla. Escucho ruidos, golpeteos, y susurros, nada tiene sentido.

Mis manos y pies están vendados, poco a poco van quitando los vendajes y finalmente puedo ver mi piel. Es diferente, más oscura, como si me bronceé y mi piel se tornó morada, alcanzo a ver uno de mis pies y lo noto pequeño, continúo peleando con mis pensamientos. ¿Es real esto o es una pesadilla? Puede que sea mi imaginación, puede que no sea nada.

Me siento transportada, como si estuviera en otra dimensión en donde la realidad es un doloroso e inexplicable destino, un destino lleno de dolor tanto físico como mental.

Y aun así, me sigo preguntando: *¿Tengo un pie? ¿Es otra pesadilla? ¿Logré ver a Sammy hace un momento? ¿Es real todo esto?*

La idea de ver a mi esposo me hace feliz, y me concentro en eso, intento atesorar ese sentimiento, en este momento, fuera de mi control, mis ojos se cierran.

—Ronit, estás de regreso en tu habitación, todo salió bien —Sammy sonríe y se mantiene firme al lado de mi cama.
Siento que dejé mi cuerpo por un tiempo, tratando de despegarme de lo que me estaban haciendo para sobrevivir, pero estoy volviendo a mí misma, y me doy cuenta de que estoy despierta. Estoy tratando de absorber más y más de la información que Sammy me transmite. Mi cabeza late con fuerza, está llena de miles de preguntas, y no puedo hacer ninguna por este tubo que está en mi garganta. A pesar de tener el tubo, mi boca está libre. ¿O no? Tal vez pueda intentar mover la boca para que me entienda.
No sé cuántos días llevo así… oscilando entre estar dormida y despierta.
—Ronit, tengo que decirte algo muy importante. Estabas muy enferma, demasiado, y para que te curaras, tuvieron que hacerle algo a tu cuerpo... Respira… Tuvieron que amputarte la mano derecha y el pie izquierdo, los dedos de la mano izquierda y los dedos y la planta del pie derecho.
Entiendo lo que está diciendo o por lo menos eso creo… pero luego, tan pronto como siento que sus palabras cobran sentido, mi cerebro se bloquea nuevamente. Es demasiado para procesar.
Por favor, cerebro mío, entiende lo que está tratando de decirte. Es muy difícil... escuchar todos los detalles, siento lágrimas caer de mis ojos. Estoy llorando. Creo que voy a llorar toda la noche. No sé si mi cuerpo tiene la energía para llorar.

Lo que estoy pasando ahora se siente indescriptible, es extremadamente desagradable, incluso impactante, saber lo que le pasó a mi cuerpo y tratar de entenderlo todo al mismo tiempo.

Me las arreglo para decirle: Está bien, no te preocupes.

Veo que Sammy está muy preocupado, lo quiero ayudar, quisiera aliviar su dolor.

—¿Entiendes lo que pasó? —me pregunta.

—Sí —balbuceo—. Todo va a estar bien.

Creo estar agradecida por no tener suficiente claridad mental para absorber estas noticias, eso me da tiempo.

Sin embargo, en ese momento algo cambió. Todo el sufrimiento y la confusión se desvanecieron por unos minutos. Me doy cuenta de que he estado, y que sigo estando enferma, pero instantáneamente me siento agradecida por estar con vida, por estar con Sammy, y nada de lo que me digan puede quitarme esa gratitud de seguir viviendo.

En este momento hago el pacto de honrar cada día, cada momento, y con todo el amor, mi vida.

Mi papá entra en la habitación, su mirada cae sobre mí, absorbiendo todo, y logro ver sus ojos llenos de amor y de compasión.

Pone su mano sobre mi brazo y me dice: Te amo. Ahora duérmete, te veré mañana.

Enfermeras y doctores entran a la habitación constantemente para revisar los tubos, los aparatos, y la guía de la IV. Lo que yo quiero hacer es concentrarme en mi familia, en lo que me están diciendo.

Mi hermana entra a la habitación y dice: Gracias a D—s que despertaste, no tienes idea de cuánto te amo, dice llorando.

Son lágrimas de felicidad, Sammy me explica que sólo mi familia cercana puede entrar a mi habitación, puedo tener únicamente dos visitas a la vez. Mis papás salen de la habitación y yo estoy tratando de pensar, de organizar mi mente, es extraño que un día puedes estar perfectamente bien y de repente sucede todo esto.

Veo a mis hermanas Tali y Carla, que están felices de verme, me hablan de mis hijos, con qué frecuencia los ven, cómo se sienten. Me cuentan que viajaron a Panamá a visitarme cuando estuve en el hospital, y me hablan de las personas que también me visitaron, como estaba en coma, no recuerdo nada de eso. Me cuentan lo preocupados que estaban todos. Sentí que tan pronto como entraron, se fueron. Vienen más enfermeras y doctores, Sammy me dice que está contratando a una enfermera personal que estará en la habitación conmigo todo el tiempo y que pasará la noche en el hospital.

Me siento abrumada, no logro terminar de creer que esto realmente me está sucediendo, que lo me contaron es cierto. El tiempo pasa despacio.

Paso la noche llorando, mientras duermo.

Abro los ojos nuevamente, mi mente se siente más clara.

—Buenos días —dice Sammy y sonríe.

Bueno, es un nuevo día, creo. Trato de concentrarme y de mirar la pared frente a mí. Veo que está llena de fotos de mis hijos, en una están los cuatro sentados en una mesa comiendo helado y hay otra de nosotros seis en Disney World. Trato de pensar en ellos mientras escaneo las fotos, pero inmediatamente siento una pesadez en mi corazón por estar lejos, me siento culpable por desaparecer de sus vidas, por no estar ahí para cuidarlos.

—Lo estás haciendo bien —dice Sammy, interrumpiendo mis pesados pensamientos—. Los doctores dicen que el peligro pasó, tenemos un camino muy difícil por delante, pero vamos a estar bien.

Estoy abrumada, no sólo me siento culpable por estar lejos de los niños, sino que también me siento expuesta, vulnerable. Todo aquí es tan ruidoso, escucho choques y golpes cuando las puertas se abren y se cierran, y las enfermeras y los doctores entran y salen rápidamente traqueteando, mientras llevan medicamentos de un lado a otro. Hay ruidos constantes de máquinas y de goteos interminables de los tubos a mi alrededor.

Mi cuerpo es muy diferente, ha cambiado totalmente, y al mismo tiempo me siento muy agradecida por estar viva. Me siento querida por todos, voy a esforzarme al máximo para poder volver a casa, sólo rezo para ser lo suficientemente fuerte y afrontar lo que vendrá.

Sammy me dice: no tienes idea de cuánto te amamos, de cuánto te quieren todos. Cuando te enfermaste en Panamá, muchas personas empezaron incontables cadenas de rezos por ti. Hay personas alrededor del mundo pidiendo por tu salud, para que te mejores. La comunidad judía en Panamá ha sido de mucho apoyo, realmente es sorprendente.

Quiero responderle, quiero tener una conversación, preguntarle sobre mi amiga Alice, a quien le acababan de diagnosticar cáncer, y se suponía que yo debía ir con ella a Houston, estábamos muy preocupados cuando se enfermó.

Una enfermera entra a la habitación y empieza a limpiarme el cuello, Sammy me explica que tienen que limpiar la zona donde tengo la traqueotomía, un agujero con un tubo para ayudarme a respirar, siento cómo la enfermera quita el parche lentamente, limpiando el área con cuidado. Me duele.

Mis ojos siguen a Sammy moviéndose por la habitación, está revisando las máquinas a las que estoy conectada, y comienza a explicarme que los monitores ayudan a medir la temperatura, la frecuencia cardíaca, los niveles de oxígeno en la sangre, la presión arterial y más. También me dice el tipo de medicación estoy tomando, me habla, explicándome lo que está pasando, siento que quiere compensar por este mes en el que únicamente me veía mientras dormía.

No puedo sentir mi cuerpo, únicamente tengo sensibilidad en el cuello y en la cabeza, pero puedo ver a la enfermera insertando una aguja en mi vientre, me dice que es un anticoagulante, quiero que me explique lo que ha pasado, pero obviamente no puedo hablar. ¿Cómo voy a hacer preguntas? ¿Cómo puedo hacer para comunicarme?

De alguna forma Sammy me pregunta: ¿Quieres saber lo que pasó?

Hago mi mejor intento para asentir con la cabeza.

Sammy respira hondo y me vuelve a contar lo que pasó, pero con más detalle, me aferro a casi cada palabra, tratando de encajar las piezas del rompecabezas de mi vida.

—Le pedí a mi tío Gil que viniera a Panamá a verte, la primera vez que vino, me dijo que teníamos que sacarte de ese hospital, no estaba contento con la forma en la que te estaban tratando. Nos dijo que estabas muy enferma y que era necesario que te trasladáramos a México, así él podría estar a cargo de ti. Estuve de acuerdo, de todos modos la situación en Panamá era un desastre, así que decidimos traerte, nos vinimos en un avión ambulancia de emergencia, Gil, tú y yo.

Me sigue explicando que desde que llegué a México me empezaron a tratar con todo lo que pudieron, y poco a poco, día tras día mi salud empezó a mejorar.

—Gil reclutó al mejor equipo posible para cuidar de ti, y ha estado trabajando muy duro en tu caso. Confío totalmente en él, ya sabes lo cercanos que somos.

Luego me explica que mientras estuve en Panamá me hicieron algunas pruebas porque no tenían idea de lo que estaba pasando, se preguntaban cómo pude enfermarme tan fuerte y tan rápido. ¿Por qué mis manos y pies comenzaron a tornarse morados?

—Resulta que tienes una enfermedad inmunológica llamada *Síndrome Antifosfolípido Catastrófico*. Te dio porque tu cuerpo estaba demasiado débil, al tener influenza, estreptococo y luego neumonía. Esa enfermedad hace que se formen coágulos en las extremidades del cuerpo, es por eso que tus manos y pies comenzaron a ponerse morados. Una doctora especialista en ese síndrome te está tratando, su nombre es Mari-Carmen Amigo.

Lo que sigo pensando es... *¿Voy a estar bien?*, eso es lo que quería preguntarle. *¿Lo lograré? ¿Podré volver a ver a mis hijos? ¿Podré abrazarlos? ¿Podré abrazarte?*

Como si pudiera leer mi mente, me dijo con ternura: vas a estar bien, estás fuera de peligro, tenemos una gran batalla por delante, pero la pelearé a tu lado, y juntos saldremos de esto.
Sigo mirándolo, viendo la tristeza grabada en cada ceño fruncido de su piel, mientras trato de encajar las piezas, para obtener una imagen clara, sigo mirándolo. Es muy triste verlo así, quiero decirle que vamos a lograrlo, y que avanzaremos juntos. Ojalá pudiera decirle que no se preocupe, que mientras estemos juntos podemos lograr cualquier cosa, incluso milagros.

Como no puedo hablar, pienso, espero y rezo, para que él pueda escuchar mis pensamientos, escuchar a qué se aferra mi alma, creo que puede verlo en mis ojos, y poco a poco su expresión comienza a cambiar, veo alivio. De pronto el ceño fruncido vuelve a su rostro, sé que viene algo más.
Finalmente, la noticia más pesada llega a mis oídos, cuando me explica que tuvieron que amputar mi mano derecha y pie izquierdo para salvarme, además me explica que los dedos de mi mano izquierda y la planta de mi pie derecho están infectados.
Siento que he escuchado esto antes, pero no puedo recordarlo con claridad.
—Siento mucho tener que darte este tipo de noticias, pero hicimos lo que teníamos que hacer para salvarte.
Escucho que tocan la puerta y Gil entra a la habitación.
—Hola Ronita —Ronita era un apodo que siempre usaba conmigo—. ¡Qué susto nos diste! Nos hiciste ir al infierno y de regreso. Estoy tan contento de que estés bien...
Sammy está sentado a mi lado, sigo teniendo mil pensamientos corriendo por mi cabeza, todos llenos de dudas. *¿Cuánto tiempo estuve dormida? ¿Cuánto tiempo he estado aquí? ¿Qué día es?*
Recuerdo que mis hermanas me decían que estaban con mis hijos, que estaban bien.

¿Todo eso es cierto o fue un terrible sueño? ¿Puedo despertarme ahora?

Una ráfaga de movimiento se extiende a mi alrededor, siento que estoy en un mundo caótico, todo solía ser silencioso y ahora hay demasiado ruido por todas partes.

Oigo un altavoz llamando a las enfermeras y al camillero cada cinco segundos, afuera hay un mundo normal, que no está invadido por ruidos constantes de máquinas que respiran por ti, ni goteos de medicamentos, ni un equipo médico a tu alrededor. Afuera la vida sigue, pero aquí, dentro de esta habitación, el tiempo está en pausa.

Incluso en mis sueños, era como si pudiera escuchar cientos de susurros, cada uno con una mezcla de ansiedad, tristeza y amor.

La mente es muy poderosa, puede hacer de un momento la mejor o la peor experiencia de tu vida.

Esta noche siento más angustia de lo que creía que era posible sentir, quiero que el tiempo se mueva más rápido. Me siento muy cansada, toda mi familia vino hoy a visitarme: mis padres, hermanas, otros parientes, y amigos, estuve feliz de verlos, pero lo único que quiero hacer es cerrar los ojos.

CAPÍTULO 6
Todo estará bien

La fe es dar el primer paso incluso cuando

no ves todos los escalones

Martin Luther King

Un nuevo día. Soy capaz de girar la cabeza un poco hacia la ventana, Sammy está trabajando en su computadora.

Me siento cansada, como si mi cuerpo pesara una tonelada, pero no puedo sentirlo todo en una sola pieza, trato de ver mis piernas pero están cubiertas, miro mis manos y ambas tienen vendajes.

—*¡Hola! ¡Buen día!* —es lo que quiero decir, pero es imposible. Necesito saber cuándo podré hablar de nuevo. *¿Cuándo sacarán estos tubos? ¿Cómo puedo explicarme?* Es como si estuviera atrapada en mi propio cuerpo.

Pensé que mi vida era simple, pero supongo que no te das cuenta de lo simple que es, hasta que se vuelve increíblemente complicada.

Parece como si el tiempo se hubiese detenido, como si el minutero del reloj hubiera bajado el ritmo hasta detenerse por completo, pero eso sí, los ruidos son constantes, se escuchan día y noche. Muchas enfermeras y médicos van y vienen, me ponen inyecciones, me limpian la herida de la garganta y veo que me dan muchos medicamentos a través del tubo intravenoso, que cada vez me molesta más. ¿Será porque mi cuerpo está más despierto?

—Tienen que insertar un tubo dentro de la traqueotomía para liberar tus pulmones del exceso de flema que tienes —me dice Sammy—. Estás tomando siete antibióticos diferentes.

Pero incluso en esta prisión, puedo elegir cómo quiero responder, puedo elegir mis acciones, puedo elegir lo que tengo en la mente, puedo elegir luchar y vivir, pensar en mis hijos, en Sammy y en mi familia, puedo reconocer que lo que tengo que hacer es seguir luchando para estar con ellos nuevamente.

Sammy explica que detrás de mí hay tres torres porta-sueros diferentes de donde cuelgan las medicinas que pasan por el tubo, también hay un monitor grande donde ven mi frecuencia cardíaca y algunas otras cosas que no entiendo qué son.

Sammy se ha quedado conmigo las últimas dos noches, también hay una enfermera conmigo de forma permanente.
Mi hermana Tali llega a las ocho de la mañana, y abre las cortinas.
—Mira, ¡qué hermoso día! —me dice.
Cuando volteo a la ventana, no puedo ver más allá de la lluvia que golpea el vidrio, sin embargo, entiendo su intención, quiere animarme, para que siga avanzando.

Habla sin parar y siempre tiene una historia que contar. Recuerdo que cuando éramos pequeñas era la más chistosa, en la mayoría de mis memorias, está sonriendo, tiene una risa fuerte y tan contagiosa, que en cuanto la escuchas, terminas riendo con ella. Lo que más recuerdo es que le encanta hablar, cada vez que estamos juntas, está hablando, ya sea conmigo o con la persona que está sentada a su lado, incluso cuando vamos a una tienda, yo estoy buscando, en silencio, las cosas que necesitamos y al darme la vuelta, la veo hablando y riéndose con el dependiente, es como si ella misma fuera su propia mejor amiga. Tali no ve a nadie como un extraño. Admiro eso de ella.

Carla es la mayor de mis hermanas, la más madura, desde chicas la admiramos, yo soy la del medio, se puede decir que soy la más responsable y seria, Tali y Carla siempre han sido muy cercanas. Yo fui la primera en casarme, vivo en Panamá, así que sólo nos vemos en vacaciones familiares.
Es entretenido tener a Tali cerca, me recuerda nuestra infancia, es como si fuéramos unas niñas otra vez. Tali sale de mi habitación y yo me quedo con los ruidos de nuevo.
Llega mi mamá y me da un beso, me pregunta si dormí bien, parpadeo a manera de respuesta, es lo único que puedo hacer, Sammy me dice que saldrá de la habitación porque mi hermana Carla quiere verme, cuando llega, me pregunta cómo he estado, ella está feliz de verme despierta. Se queda tal vez una hora, mientras las enfermeras vienen de nuevo para bañarme, me quitan las sábanas y empiezan a echarme agua, me siento vulnerable. Me lavan el cuerpo con jabón, mientras otra enfermera me lava el pelo, mi mamá le dice que ayudará a desenredarme el cabello.

Carla y mi mamá están en el cuarto, cuando entra el doctor, me dice que estoy mejor. Quiero saber sobre los tubos, preguntar cuándo me los quitarán, me siento muy incómoda. Carla siente que necesito algo, así que me pregunta que qué quiero, pero, ¿cómo puedo explicarme?

Imagina lo que se siente cuando te sumergen la cabeza en el agua, sin garantía de que volverás a salir a la superficie para tu próxima respiración, así es como me siento.

No sé cómo, pero ella me entiende al leerme los labios y le pregunta al médico:

—¿Cuánto tiempo necesitará tener los tubos?

—Es un proceso, tomará tiempo, pero depende principalmente de ella. El tiempo varía según la voluntad de la persona y su capacidad para empezar a tomar medicinas por vía oral, además de respirar por sí misma.

Mi mente inmediatamente se pone a trabajar. *Entonces, sí está en mis manos, ¿depende de mí?* tengo que ser capaz de hacerlo. Tengo que poder hablar.

Es el sentimiento que me causa más angustia, de nuevo es como si estuviera atada bajo el agua y no pudiera llegar a la superficie para respirar.

Intento cerrar los ojos, pero sigo escuchando lo que dicen, alguien dijo que son las doce del mediodía. ¿Acaso no se mueve el tiempo en esta habitación?

Mis emociones están por todas partes ni siquiera sé lo que estoy sintiendo realmente. Imagina una orquesta sin director, en lugar de escuchar música, tus oídos se llenan de ruido: golpes, chillidos, explosiones. Eso es lo que escucho de estas máquinas, enfermeras, confusión, dolor y diagnósticos. Sé que D—s está arriba manejando las cosas, pero aquí abajo todo se siente desordenado, escucho demasiados sonidos, y no sé cómo acomodarlos en mi mente para entenderlos.

Quiero que pase el tiempo para conciliar el sueño, en ese momento me doy cuenta de que tendré que mantener mi mente ocupada, mantenerla llena, para que tal vez pueda sentirme tranquila. Voy a tener mucho tiempo para pensar y para hablar conmigo misma.

¿Cómo puedo sentirme tan feliz de estar viva y al mismo tiempo tan indefensa? No siento amargura en el corazón, trato de concentrarme en la bendición que se me ha dado. ¿Qué quiero transmitir? ¿Qué legado o ejemplo dejaría en el mundo si no lucho contra esto?

Abro los ojos y trato de mover la cabeza, creo que puedo girar hacia la derecha lo suficiente para ver que Sammy está durmiendo en el sofá al lado de mi cama. Luego giro ligeramente hacia mi izquierda, y veo a la enfermera durmiendo en una silla, sigo esperando hasta que uno de ellos despierte.

Quiero saber qué hora es, sé que es tarde por la falta de luz en la habitación, necesito que me acomoden la toalla que me pusieron debajo del cuello para sostener mi cabeza. Ninguno de ellos sabe que estoy despierta, intento mover los pies o las manos pero parece que no puedo. No me oyen luchar. No puedo hablar, no puedo moverme. ¿Te imaginas no poder mover tu propia cabeza? Empiezo a llorar, pero no creo que puedan oír eso tampoco. Espero mucho tiempo, hasta que se me ocurre que si toso, me escucharán, funciona, pero me siento tan frustrada, tan vulnerable, tan indefensa… Sólo quiero volver a cerrar los ojos y no pensar en nada.

Veo la luz del día, las enfermeras que van y vienen, me levantan la bata para ponerme una placa en la espalda, y hacerme una radiografía de los pulmones, dicen que tienen que hacerlo dos veces al día, diario.

—Tendrás que hacer mucha fisioterapia, dos veces al día —me dice un doctor que entra en la habitación—. Habrá terapia adicional para que aprendas a comer y enseñarte cómo respirar.

En ese momento todo es tan difícil, que acepto recibir ayuda, estoy abrumada por todo, sin embargo, siempre he sido muy obediente, así que estoy dispuesta a hacer lo que sea necesario. Quiero sentirme mejor a toda costa. Todavía estoy desorientada, y como no puedo hablar, no tengo opción, no tengo que decir nada.

—Tus piernas estaban en tan mal estado, que tienen que vigilarlas muy de cerca —explica Sammy—. También hay una bolsa grande detrás de ti, es tu comida, pasa por ese tubo de alimentación que tienes en la nariz. Hay tantas cosas en las que tenemos que trabajar... muchas cirugías también —respira profundo antes de seguir—. Y aunque sé que será muy duro, estoy seguro de que todo saldrá bien. Te quiero mucho, Ronit, no tienes idea... Sabía adentro de mí que te esforzarías para sobrevivir, sé que quieres estar aquí con nosotros.

Y cuando se acerca veo una lágrima rodando por su cara, trato de hablar con los ojos, de pedirle que no se preocupe, nunca pensé que me amara tanto. Estoy asombrada de cuánto está luchando por mí. Intento decirle que lo amo, quiero decirle tantas cosas, pero lo único que puedo hacer es parpadear, siento mis pestañas apretándose una y otra vez, haciéndole saber que estoy tratando, y que haré lo posible para sobrevivir.

Antes de enfermarme, pensé que teníamos un buen matrimonio, llevábamos casados 14 años, a lo largo de ese tiempo, me ha enseñado muchas cosas. Primero me enamoré de la forma en la que trataba a su mamá y a su hermana, eso me mostró lo buena persona que es, lo cariñoso.

Me enseñó a vivir una vida tranquila, con respeto, amor y entrega, de uno al otro como pareja, hacia nuestros padres y hacia nuestros hijos. Me mostró cómo luchar por lo que quería y, lo más importante, cómo tener una mentalidad positiva. Yo no era necesariamente una persona positiva antes de conocer a Sammy. Él siempre ayuda a la gente, esa es una de las cosas que más amo de él, lo admiro tanto… Básicamente, cambió mi mundo, mi vida. En el momento que nos conocimos supe que estábamos destinados a estar juntos, recuerdo cuando nos enteramos de que estábamos embarazados por primera vez, fue tal la emoción, que lloramos durante dos horas en el piso del baño después de ver la clara línea rosada en la prueba de embarazo casera, no podíamos creer que íbamos a ser padres.

Supe cuando lo conocí hace 15 años, que quería que fuera el padre de mis hijos. Mi sueño era tener cuatro, dos niños y dos niñas, y aquí estamos, catorce años después con Jacky de 12 años; Joseph de 10; Raquel de 6; y Ariela de 1. Sammy me dio la oportunidad de hacer realidad mi sueño.

Me siento tan bendecida por haberlo conocido, por tenerlo en mi vida. Es el mejor esposo y mi mejor amigo, no podría pedir a nadie mejor para ser mi compañero en la vida.

Y ahora, al ver cómo me ha cuidado entendí algo nuevo, nunca supe que me amara tan profundamente. Y es en este momento, envuelta por el amor que me da, que puedo sentir mi corazón fortalecerse de ganas para seguir luchando.

Una enfermera entra en mi habitación y comienza a mover las cosas, cambia el medicamento y estoy de nuevo atrapada en una cama de hospital.

No puedo creer lo que le ha pasado a mi cuerpo, pero en lugar de centrarme en cómo está mi cuerpo, elijo centrarme en mi mente. ¿Está bien? ¿Está funcionando? ¿Seré capaz de razonar? Creo que estoy bien, parece que soy capaz de razonar y saber lo que está pasando. Trato de encontrar los límites de mi mente, pero es demasiado en este momento, entonces intento aceptar lo que está sucediendo.

Entiendo que me enfermé muy fuerte, y que estoy fuera de peligro, gracias a D—s. Sé que Sammy tuvo que tomar decisiones extremadamente difíciles para salvar mi vida, y no juzgo ninguna de ellas. Sólo rezo para recibir la fuerza suficiente para enfrentarme a la situación en la que estoy ahora.

Creo que mi mente está bien, y mi corazón no está roto. Al menos tengo esas dos partes de mí intactas, enteras. Son sólo mis piernas y manos las que no funcionan, trato de visualizar... Mi cuerpo sabrá cómo sanar, eventualmente.

Creo que será más fácil si hago lo que dicen los doctores, así que decido concentrarme en una sola cosa: mejorar. Puedo comenzar asegurándome de que mi mente esté enfocada en lo que tengo, enfocada en lo bueno. La fe que tengo en D—s y el amor de mi familia serán mi mayor incentivo para seguir adelante. La oscuridad podría seguir inundándome, pero finalmente tengo la luz suficiente para encontrar el camino de regreso a mí misma.

Incluso los momentos más feos de nuestras vidas tienen un propósito, sin embargo, ¿qué puedo hacer para superar lo que se siente como la prueba más dura de mi vida? Sé que necesito mostrarle a D—s lo agradecida que estoy por estar aquí, en esta vida que comparto con tantas personas que me aman, creo que lo único que me puede ayudar es mostrar GRATITUD por estar viva, por tener la oportunidad de estar viva y poder vivir.

CAPÍTULO 7
Atrapada

Aunque nadie puede volver atrás y tener
un nuevo comienzo, todos pueden empezar
desde ahora y tener un nuevo final

Carl Bard

Miro las fotos que Sammy colgó en la pared y observo a mis cuatro hijos. ¿Que estarán haciendo ahora? ¿Estarán asustados?

La comunidad judía en México ha organizado una forma especial de apoyo: traer cartas de diferentes escuelas al hospital para que me las lean. Sammy las abre cada vez que llegan y las lee en voz alta. Todavía no puedo leer ninguna carta de mis hijos, cada vez que me pregunta si quiero que me lea una, me da un sentimiento enorme de culpa y dolor. No me siento preparada para escuchar sus mensajes, así que Sammy sigue leyendo lo que han escrito los niños de las diferentes escuelas, eso me llena de alegría y ánimo, las seguiré escuchando hasta que me sienta lista para volver a ver a mis hijos.

Siento que estoy reviviendo el mismo día, atrapada en un círculo sin fin. Las enfermeras vienen a revisar mis máquinas, a cambiar los medicamentos, a limpiarme la garganta, a tomarme radiografías, a bañarme en la cama y a administrarme la inyección diaria. Mis hermanas vienen y me distraen. Mi mamá y mi papá se quedan conmigo unas horas, por lo general, me dicen que hay muchas visitas afuera de mi habitación, pero Sammy dejó muy claro que sólo se permite la entrada a familiares cercanos.

Esta noche, mi hermana Tali se queda conmigo, porque Sammy no ha pasado mucho tiempo con los niños, así que irá al hotel para estar con ellos, estoy nerviosa de que se vaya.

¿Qué pasa si sucede algo? Sammy ha estado conmigo en cada momento desde que esto comenzó en Panamá. ¿Qué voy a hacer si él no está? Conoce los detalles de mi condición a la perfección.

¿Qué pasa si algo sale mal cuando se vaya y necesito tomar decisiones sin él? ¿Qué haré?

Cuando entra mi hermana, se ve muy emocionada por estar conmigo, ha pasado mucho tiempo desde que compartimos una noche juntas.

—¿Estás cansada? —me pregunta —. ¿Quieres ver una película? —me pregunta, y noto una alegría infantil en sus ojos.

La paso bien viéndola cantar junto con la película, de tanto en tanto me mira, esperando estar haciéndome pasar un buen rato.

No sé cuántos días han pasado, intento contar, creo que ha sido una semana desde que desperté del coma.

No puedo creerlo, pero cada día es más y más difícil, pensé que sería al contrario, ya me llevaron al quirófano tres veces esta semana para limpiarme las manos y los pies… o como sea que se llame lo que tengo ahora. Siento tanto dolor, que sólo puedo hacer una cosa a la vez, de lo contrario podría desmayarme. Decido recordarme que las cosas podrían ser peores, la historia podría ser diferente, podría no estar aquí. Pude no haber sobrevivido. Pensé que vivíamos en la tierra una vez, pero me acabo de dar cuenta de que tal vez nací por segunda vez, estar tan cerca de esa línea entre la vida y la muerte, me hace darme cuenta de cosas que nunca antes había pensado.

Todos los días me despertaba y comenzaba mi día en automático. Nunca pensé que el simple hecho de estar viva sería un regalo, poder darles un beso de despedida a mis hijos antes que se fueran a la escuela o usar mi cuerpo para hablar, caminar y comer, ese era el regalo. Cosas que hacía de forma tan natural y sin esfuerzo, ahora requieren de mucho pensamiento e intención, hago lo que está a mi alcance para convertir todo ese dolor en fe.

—Ronit, hay alguien afuera a quien quieres mucho y que no has visto desde que llegaste acá. Es mi mamá —me dice Sammy, toma un respiro y agrega—.

Ella ha estado con los niños durante este tiempo, por eso no vino antes a verte. ¿Puede entrar?

He estado esperando verla desde que desperté, he compartido mucho con mi suegra, somos muy cercanas, me considero la persona más afortunada del mundo por tener la mejor suegra en todos los sentidos, también es una abuelita increíble. Es un ser humano extraordinario, y desde que me enfermé, ella es quien ha estado cuidando a mis hijos, están en buenas manos.

Cuando nuestros ojos se encuentran, las palabras se vuelven inútiles, las dos sabemos lo mucho que significamos la una para la otra.

Ella comienza a hablar, yo parpadeo y trato de asentir con la cabeza. Mi suegra me conoce muy bien, tenemos un vínculo tan fuerte, que sabe lo que tengo en mente.

Al leer mis labios, entiende lo que quiero decir.

—Dime qué significa esto, necesito saber qué más puedo hacer, cómo encontrarle un propósito, quiero hacer las cosas bien.

—Ronit —dice ella—, lo sabrás. Puedo verlo en tus ojos, harás algo grandioso con lo que se te ha dado.

Y es justo lo que necesitaba, su confirmación, el simple hecho de escucharla, de recibir ese consuelo y conexión que siempre hemos tenido, me hace sentir un poco más segura. Es como si tuviera un poco más de fuerza simplemente al tenerla a mi lado, al seguir teniéndola en mi vida.

Tita

Fui a ver a Ronit, fue mi primera visita y debía ser breve. Inmediatamente comprendí cuánto necesitaba la confirmación de que sus queridos hijos estaban bien cuidados. Fuerza y fe eran el oxígeno que se respiraba en su habitación, con solo mirarla, sentí que estaba más presente que nunca. Su alma lucía tan vibrante, que casi brillaba. Aunque se enfrentaba a obstáculos tremendos, llenos de difíciles limitaciones e inmovilidad física, transmitía su cálida luz intensamente. Durante nuestro primer intento de comunicación, me hizo llorar, fue como si nuestras almas tuviesen una fuerte conexión. Me di cuenta de que se estaba preparando una nueva y fuerte realidad para Ronit. Un nuevo rol en su vida, junto a Sammy, les esperaban desafíos diarios, intensos y difíciles. Todas las personas que la visitaron salieron inspiradas de la habitación, sin siquiera escuchar sus palabras.

Durante mi corta visita, fui testigo de su profundo agradecimiento a D—s por la bendición de estar viva, por seguir viviendo. Siempre fue una guerrera, y ahora más que nunca, pero estaba siendo desafiada. Necesitaba superar su situación, tenía que ser positiva y considerar los pequeños logros como grandes victorias, necesitaba ver las chispas de luz entre la oscuridad.

Salí de la visita conmocionada, sentí a D—s presente en la habitación. Ronit y Sammy no estaban seguros de cómo iban a lograr sus objetivos cuando saliera Ronit del hospital, no sólo se trata sobrevivir, sino de vivir, sin embargo, su profunda convicción, e incluso su gratitud, me demostraron que tendrían éxito.

Intento decirle a Sammy que necesito que los médicos me quiten los tubos, me vuelven loca. En realidad, la situación me está enloqueciendo. Él me mira, tratando de entender lo que quiero decir, pero está mirando mis ojos en lugar de mi boca... es tan frustrante.

Sigue mirándome y finalmente dice:

—Está bien, le preguntaré a Gil si podemos hacerlo.

¿Hacerlo? ¿Entiende lo que quiero?, me pregunto.

—Si hacemos esto, debes saber que en realidad tienes que comer sola —me dice Gil entrando en la habitación—. Esta bolsa te ha estado alimentando, también deberás tomar algunos de los medicamentos por vía oral. ¿Lo entiendes? —Hace una pausa y continúa—. Estos tubos han sido de gran ayuda porque cada vez que te llevamos al quirófano, lo hace más fácil y seguro para ti y para los médicos.

No voy a poder seguir luchando en esta agonía, lo he intentado, he intentado mantener los tubos, he intentado hacer lo que me han dicho los médicos, pero es insoportable vivir así.

48 horas después

—¿Pueden volverme a dormir? —Intento preguntarle a Sammy—. No puedo soportarlo más.

Sammy comprende mi sufrimiento,

—Le voy a decir a Gil que te sientes muy mal. Esperemos a ver qué opina.

—Me mira directo a los ojos y me dice—. Sólo recuerda, aunque te sientas terrible en este momento, estás avanzando, Ronit. Estás mejor que hace dos días, trata de recordar, para ver tu mejoría, ganas algo cada día, avanzas a diario, incluso si se trata de cambios menores. Ten en cuenta que a veces tenemos que dar un pequeño paso atrás para seguir avanzando. Después de unos minutos me dice que un médico está aquí para verme.

—Hola, Ronit soy psiquiatra, Gil me pidió que hablara contigo, quiero que entiendas que sé exactamente cómo te sientes. Sé que te sientes atrapada y sientes que te estás ahogando, pero no es así, es sólo el sentimiento, de hecho, estás mucho más segura con la traqueotomía, y te puedo garantizar que no te ahogarás.

Estoy desesperada, en este momento estoy dispuesta a aceptar cualquier ayuda, pero más que eso, me siento comprendida por primera vez, es como si el doctor supiera por lo que estoy pasando, tanto psicológica, como físicamente, a pesar que es la primera vez que nos vemos.

—Te voy a dar algo para la ansiedad, te ayudará en esta etapa. Mejorarás, créeme.

Se siente raro aceptar medicamentos para la ansiedad, nunca había tenido esa experiencia antes, pero sé que lo necesito, así que no dudo en tomarlo.

El efecto de la medicación dura de cinco a seis horas, cada vez que me acerco a la marca de la sexta hora, puedo darme cuenta de que mi ansiedad aumenta. Es evidente para todos cuando llega el momento de volver a tomar la medicina.

Una vez más tranquila, incluso pueden quitarme la sonda de alimentación, estoy un paso más cerca de donde quiero estar.

Un grupo de tres médicos ortopedas encargados de mis amputaciones, me explican que al día siguiente me van a operar la pierna.

—Para que puedas tener una prótesis en la pierna derecha, tenemos que elevar el nivel de amputación a un nivel estándar. El nivel que tienes ahora mismo no es recomendable.

Ellos ven la pregunta en mis ojos y responden: Si no lo hacemos, no podrás caminar bien.

Estoy segura de que no será una cirugía simple, Sammy vio la preocupación en mis ojos.

Me explican que el pie izquierdo no tiene piel en la planta, así que necesitan sacar piel de mi muslo izquierdo, para cubrir esa zona, me dicen que tiene que ser piel que esté en buen estado, para que se adhiera bien el injerto.

Sammy habla directamente con el médico para preguntarle cuánto tiempo tomará la cirugía, el médico le responde que van a ser alrededor de nueve horas.

Mi mente está en un revuelo. *Movemos esta pieza de aquí para colocarla en otro lugar para después mover esa pieza del otro lugar para colocarla en otra parte, en ese momento me siento como un rompecabezas sin armar.*

Los doctores hablan sobre lo larga y delicada que será la operación, las venas y arterias del pie tienen que estar unidas para que puedan adherirse a la piel.

Todos me preguntan si estoy de acuerdo, pero ¿qué puedo decir? Si ellos creen que es la mejor opción, hay que hacerlo. No es como que tenga otra opción.

Cuando el plan está hecho, lo único que se puede hacer, es esperar, confiar, y seguir adelante.

Al día siguiente vienen para llevarme al quirófano, Tali nota mis nervios y me pregunta: —¿Estás preocupada por la cirugía?

Es una cirugía larga y tengo que estar dormida de nueve a diez horas..., pienso, pero lo único que logro articular es un "sí".

—Por favor, Nity, entiendo que es mucho tiempo para estar en el quirófano, pero estuviste dormida durante más de dos meses, ¿qué son otras nueve horas? —responde mi hermana.

Sólo Tali puede ver las cosas así de simple, su sonrisa me hace reír por dentro.

Cuando uno de los doctores entra a la habitación, para marcar el área que van a operar, Tali toma el marcador y le pregunta al médico si puede escribir algo en la pierna que planean amputar.

Estoy mirando mi pierna y su rostro concentrado, cuando veo lo que escribe, intento sonreír y conectarme con la fuerza que está tratando de darme. Mi pierna dice:

NITY ❤
YOU ROCK

Ver el texto sobre mi pierna me da fuerzas. Me siento acompañada. Me siento amada.

Es hora de ir al quirófano, estoy muy preocupada, pero entiendo que la cirugía es necesaria.

Después de lo que parece una larga siesta, me despierto y encuentro a Sammy, como siempre, a mi lado.

—Estás bien —me dice—. Todo salió muy bien.

Intento mirar alrededor pero no reconozco dónde estoy.

—No estás en tu habitación —responde—. Los médicos querían que volvieras a terapia intensiva, porque fue una cirugía grande.

Estoy completamente acostada, lo único que puedo hacer es escuchar las voces y mirar al techo del hospital.

—Pero esta vez estarás despierta, será sólo por un día y volveremos a tu habitación de antes —me dice Sammy.

Trato de concentrarme en sus palabras, mientras cuento las tejas del techo, lucho por quedarme despierta y mi mantener mi cerebro en actividad.

—Lo único es que… no podré quedarme contigo en la sala de cuidados intensivos, pero al menos te darán permiso para quedarte con tu enfermera personal.

Alto ahí. ¿Sammy no se queda conmigo? Mis pensamientos comienzan a dar vueltas.

De pronto siento un fuerte dolor en la pierna, me advirtieron que al cortar los nervios, a veces el dolor puede ser muy fuerte, y sin previo aviso comienzo a temblar del dolor.

—Voy a llamar a un médico de inmediato —dice Sammy.

El equipo médico decide darme morfina, para tolerar el dolor, y que poco a poco pase.

Sólo espero que este dolor desaparezca, de todas las cirugías que me han hecho, nunca he despertado así, es agonizante, por favor, haz que se detenga.

Después de unos momentos, empiezo a sentir algo de alivio, estoy mirando la lámpara en el techo de la habitación, completamente despierta, pero me siento agotada. Es aterrador tener cero control sobre mi cuerpo, y sobre lo que sucede a mi alrededor, creo que es de noche, pero no puedo estar segura, porque no hay ventanas en la habitación.

Entra una enfermera, no entiendo lo que dice, pero mi enfermera personal me explica que no puede quedarse en la habitación conmigo, que necesita irse.

Inmediatamente caigo en un estado de pánico, no seré capaz de hacer esto, mi enfermera tiene órdenes de no dejarme sola ni un segundo, no entiendo lo que sucede.

Veo a la enfermera muy concentrada en su teléfono celular, tratando de comunicarse con Sammy o con mi mamá, pero nadie responde.

Intento concentrarme en el número de teléfono de mi mamá, a medida que los números se abren paso en mi mente, empiezo a dictarle los dígitos lentamente con los labios. Ella logra comunicarse con Sammy, despertarlo e informarle sobre el repentino cambio de planes en el hospital.

Pasa el tiempo.

¿Son minutos u horas? No puedo distinguir.

Mi enfermera me dice que Sammy habló con el jefe de la unidad de Cuidados Intensivos y le informó que necesitará a alguien a mi lado las 24 horas del día, los 7 días de la semana.

Me lo imagino diciéndoles: "No puede moverse ni hablar, ¿cómo va a pedir ayuda…?" Siempre centrándose en la lógica.

Es frustrante que otros hablen por mí. No tengo voz, a pesar de que intento gritar para que me escuchen. Finalmente, después de 36 horas, me trasladan a una sala de terapia intermedia. Vuelvo a ver un poco de luz, estoy en una habitación más normal y no estoy sola, hasta dos miembros de la familia pueden quedarse conmigo.

Sintiéndome más en paz, sabiendo que no estoy sola, me quedo dormida.

Las cosas suceden lentamente, y de forma confusa, a veces lloro por lo que he perdido, y a veces esas lágrimas se convierten en lágrimas de felicidad, no sólo porque sobreviví y estoy viva, sino porque tuve la fuerza para seguir adelante; trato de vivir, de recordar quién era antes de que esto pasara. Si alguna vez siento que estoy cayendo por un agujero emocional, pienso en mis hijos, eso siempre me ayuda al instante.

Veo que se abre la puerta y entra una enfermera con una bandeja de desayuno, dicen que es bueno que esté tratando de comer más, me sirve un poco de cereal en un tazón y mi hermana Carla comienza a darme una cucharada pequeña a la vez, me cuesta respirar y comer al mismo tiempo, pero a pesar de ser muy difícil, sigo intentándolo.

No quiero que vuelvan a ponerme el tubo en la nariz, cuando las enfermeras ven mi cara, entienden lo difícil que me resulta comer.

—Vamos a detenernos y tal vez más tarde podamos probar con un poco de gelatina o un Gerber —dice una enfermera, mientras entra otra con una bandeja llena de medicamentos.

Me dicen que tengo que tomar algunos, pero son demasiados, cuento diez
jeringas llenas de líquidos misteriosos.
—Como no puede tragar las pastillas, tenemos que darle el medicamento de
esta manera —explica la enfermera.
Intento con los tres primeros, pero es extremadamente difícil, no creo que
pueda seguir, hay siete más.
Pasados tres días, le pido a Sammy que vuelvan a colocarme la sonda de
alimentación.

Pensé que iba a poder hacerlo. ¿Qué es comer sin ayuda en comparación con
lo que he pasado?, pero esos tres días han sido miserables. Estoy en lo más
bajo que he estado. Me siento derrotada, como si hubiera perdido la batalla a
la que me he enfrentado durante tanto tiempo.

¿Cómo podré hacer esto si no puedo comer sola?
Me estoy ahogando en esta cama o tal vez esta cama me está ahogando,
empiezo a sentirme muy débil de nuevo. Los médicos me explican que se
debe a que no estoy comiendo lo suficiente, que mi cuerpo necesita más
alimentos para sanar. Es insoportable vivir así.
Les pido que me pongan el tubo de alimentación nuevamente, no puedo
moverme ni hablar. Tener un tubo que te da vida, pero que te desconecta del
mundo, es la sensación más fea que he sentido. Nunca imaginé que luchar con
estos tubos fuera tan difícil, tal vez cometí un error al pedirles que lo sacaran,
tal vez no soy lo suficientemente fuerte para hacer esto por mi cuenta.
Honestamente, no pensé que fuera tan difícil, siento los días pasar, pero se
sienten eternos, como si cada día tuviese 100 horas. Es inhumano vivir así.

 Nunca en mis 37 años de vida había luchado tanto por mí misma, esta puede
ser la primera vez que hago algo difícil, no porque significa algo para otra
persona, pero por lo mucho que significa para mí.
Desde que me desperté del coma, he tenido muchas conversaciones en mi
cabeza con D—s, puedo sentirlo cerca de mí, le digo lo agradecida que estoy
por estar viva y le pido que me dé la fuerza para seguir luchando. Quiero cerrar
los ojos y no sufrir, al menos por unos minutos, necesito algo que me ayude a
conciliar el sueño, para dejar de pensar y sentir tanto. Cuando estoy dormida

es más fácil, pero estar en el hospital lo hace extremadamente desafiante, los anuncios repetidos por el intercomunicador interfieren con lo que sea que esté tratando de pensar para calmarme. Lo único que quiero es quedarme dormida, escapar de esta pesadilla, pero con las enfermeras viniendo cinco veces cada hora para inyectarme, tomarme la temperatura, revisar mi presión arterial, revisar mi medicación, etc., es imposible.

¿Cuántas conversaciones puedo tener conmigo misma?
Recuerdo lo que me dijo Sammy: No tienes idea de lo que tus amigos, familiares y la comunidad en general hicieron por ti en Panamá, crearon un sinfín de cadenas de rezos. En la escuela de los niños se organizaron otros rezos por ti, y lo siguen haciendo, todos los días, la gente te quiere de regreso en Panamá. No sabes cuánto te quieren...

Es un nuevo día y la rutina arranca de nuevo, me despierto recordando lo que me dijo Sammy, quiero decirle que me gustaría escribir una carta para esas personas que rezan por mí, y decirles cuánto agradezco lo que han hecho, decirles cuánto los aprecio. Sammy está de pie a mi lado y me dice: Quiero que escuches esto que escribí, para saber si te gusta o si te quisieras cambiar algo.

Queridos familiares y amigos,
Ronit y yo queremos agradecerles todo el apoyo que nos han brindado para seguir adelante. Sólo la fe en D—s y las oraciones que cada uno de ustedes han hecho por Rujama Ronit bat Alina y su salud, nos han dado la fortaleza de llegar hasta donde estamos.
El camino de la recuperación es largo, pero lo tomamos con gran optimismo, ánimo y energía positiva, que nos hará posible regresar a casa y continuar compartiendo con ustedes que siempre han permanecido cerca de nosotros.
La palabra "gracias" se queda corta para expresar cuánto agradecemos cada segundo, cada minuto, cada hora, cada día que nos han apoyado. Tenemos suerte de estar rodeados de gente tan buena, con grandes corazones y almas generosas. Le pedimos a D—s que se les devuelva miles de veces con bendiciones, felicidad, salud, y todo el bien que les deseamos.
Nuestros ojos se llenan de lágrimas de alegría cada vez que despertamos y Rujama Ronit y yo nos miramos. Es una gran bendición poder estar juntos y con nuestros hijos.

Hemos aprendido muchas cosas que esperamos algún día poder compartir con ustedes. Estas lecciones nos han permitido ver la vida con mayor felicidad y regocijo. A veces creemos estar bien, pero hoy decimos estar mejor, y que aún tenemos cosas por hacer.

D—s nos ha mostrado milagro tras milagro. Rezar, tener fe en *Hashem* y jamás bajar la guardia. Él nos ha dado una nueva gran oportunidad, Rujama Ronit ha renacido.

Gracias, gracias, muchas gracias. Gracias a todos ustedes que nos han apoyado, que nos inyectaron energía cuando el tanque se nos quedaba vacío. Cada pequeño empujón y ánimo fueron necesarios para asegurar que llegáramos hasta aquí, y poder escribir estas líneas, llenos de felicidad.

Gracias D—s por escucharnos y enseñarnos a comprender lo que es importante en la vida.

Nuestro eterno abrazo para ustedes. Los queremos mucho y siempre estaremos ahí para ustedes y sus familias.

Rujama Ronit y Sammy

No puedo creer lo que escucho, es una carta dirigida a nuestra gente en Panamá, y es justamente lo que yo quería decirles. ¿Cómo lo supo? ¿Cómo pudo saber exactamente lo que quería decir? Es asombroso, y casi increíble, no sé cómo entendió con exactitud lo que estaba pensando.Cuando termina de leer la carta, asiento con la cabeza y digo: Perfecto.

Minutos, horas, días… no tienen sentido, es como si el tiempo no avanzara en el hospital. Estoy cansada de ser manipulada físicamente por enfermeras y camilleros. La higiene por sí sola es una tarea difícil, me siento muy incómoda cuando el personal del hospital me mira y mueven mi cuerpo como si no estuviese presente, entiendo que es necesario, pero no puedo evitar sentirme expuesta.

Siento dolor cuando me limpian la garganta, siempre están tratando de inclinar mi cabeza de un lado a otro, nunca es cómodo, pero la peor parte es cuando me drenan la flema de la garganta, y siento que no puedo respirar, y cuando me bañan. Eso es algo en lo que no pensaba antes cuando vivía mi día a día, el baño es privado.

No hay nada privado en la habitación de un hospital, cinco personas vienen y me miran mientras me limpian, la cama está empapada con agua y jabón. Es agonizante.

Pasan unos días, y la enfermera me dice: Si quieres, te sacamos de tu habitación para que veas algo más que estas tres paredes, traeremos una silla reclinable y personalmente caminaré contigo por el piso. Desearía poder llevarte a algún lugar mejor, pero ahora no puedes.

—Está bien —articulo.

Daría cualquier cosa para respirar un poco de aire fresco, pienso. Mi habitación es sofocante.

¿Salir de mi habitación ayudaría con mi estado de ánimo?

Han pasado dos semanas, creo, he estado tratando de continuar en esta lucha por sobrevivir.

La fisioterapeuta viene dos veces al día, y están trayendo diferentes tipos de alimentos, yo trato de comer cada uno de ellos. Cereal para el desayuno y Gerber con sabor a mango, intento con todas mis fuerzas de dar lo mejor de mí, tomo alrededor de cuatro cucharadas que, para ser honesta, no me saben a nada, sin embargo, el acto de comer es, en sí, es un desafío.

Cuando me levantan la cabeza en cierto ángulo, puedo verme en uno de los espejos de la habitación, nunca imaginé que alguien pudiera estar tan delgada, y ahora ese alguien soy yo.

Tengo un camino muy largo para lograr salir de esta cama, y sé que necesito comer para tener energía, realmente me llama la atención ver lo delgada que estoy, me estremece verme así.

Hace unos días me explicaron que para sacar el tubo de la traqueotomía, tienen que poner un tapón en el agujero cada dos horas, para taparme las vías respiratorias, de esa manera puedo empezar a aprender a respirar por la nariz de nuevo, dicen que hoy vienen a enseñarme.

Estoy muy ansiosa, no sé qué esperar, y si seré capaz de hacerlo.

¿Te imaginas estar nerviosa por aprender a respirar de nuevo?

A pesar de que sabía que vendrían, tan pronto como los veo entrar por la puerta, me golpea otra ola de nervios, pero pienso en hacer mi mejor esfuerzo, es lo que puedo hacer, y lo haré lo mejor que pueda.

—Vamos a cerrar el agujero en tu cuello y pedirte que trates de respirar normalmente —me dice el doctor—. Solías respirar así, pero ahora te sentirás muy diferente.

Intento controlar mi respiración. Inhalo. Exhalo. Inhalo. Exhalo… puedo hacerlo.

—La idea es que lo tengas cerrado todo el tiempo que puedas, cuando pases algunas noches enteras con el agujero cerrado, podremos considerar sacar la traqueotomía. Vas a empezar poco a poco, en cualquier momento podemos quitar la tapa. Incluso puedes hablar, al principio tu voz será un poco áspera, pero podrás comunicarte con tu familia.

Los primeros momentos me asustan. ¿Qué pasa si no soy capaz de hacerlo?

Tal vez pasan dos o tres minutos, no puedo hacerlo, es como si el tiempo se detuviera. Es realmente difícil, siento que no estoy respirando en absoluto, mi pecho comienza a palpitar y siento mucha presión, como si cargara una montaña de libros con mi pecho. No puedo quedarme así ni un minuto más, juro que nunca he vivido un momento más difícil en mi vida.

—No te preocupes —dice la enfermera—, podemos quitar la tapa y volver a intentarlo en unos minutos.

Únicamente asiento con la cabeza, tan pronto como quitan la tapa, siento como si una inyección de aire estallara en mis pulmones. Los doctores y las enfermeras lo intentan de nuevo, cuatro veces más, al final, soy capaz de quedarme con el agujero cerrado durante 15 minutos. Me cuesta mucho tolerar el agujero tapado.

—Lo estás haciendo muy bien —dice el doctor encargado—. Tienes que seguir haciendo esto hasta que lo logres el día completo con su noche con el tubo cerrado, así podremos quitar la traqueotomía.

D—s mío, no hay forma de que pueda hacerlo. Apenas aguanté una hora.

No lo puedo creer, va a tomar una eternidad, Sammy fija su mirada en mí y lo veo pensando lo mismo, en su rostro veo que está sufriendo tanto como yo. Realmente no sé si seré capaz de hacerlo, pero lo tengo que intentar, esta es una "no vida", no puedo vivir con un tubo en la garganta para siempre.

Me siento atrapada e indefensa. Vulnerable. Débil, pero seguiré intentándolo. Todos los días puedo respirar un poco más por mi cuenta, pasan más días, y cada vez me concentro más en luchar por respirar; luchar por aguantar, por sobrevivir sin tubos, y todos los días se siente como si mi cuerpo se drenara de toda su energía. Respirar es un trabajo duro.

Llevo unos días practicando para respirar por mi cuenta, y eso me deja exhausta. ¡Ha sido el mes más largo de mi vida!

Poco a poco estoy mejorando con el tapón en la garganta, finalmente soy capaz de comunicarme por primera vez desde que llegué al hospital, trato de hablar un poco más cada día, e incluso trato de comer más.

—Te vamos a quitar la sonda de alimentación —me dice el doctor—, pero tienes que seguir comiendo., beberás cuatro botellas de un suplemento alimenticio todos los días.

Será un desafío, estoy casi segura de que será doloroso, pero estoy lista, estoy demasiado delgada, y necesito recuperarme.

Mis pensamientos y temores se relacionan con los niños, los extraño tanto que duele, le pregunto a Sammy cómo están.

—Están bien, están en un el campamento de verano, ha sido un proceso, pero están bien. Se están adaptando a la rutina, y bueno, a la vida en México. Están bien —repite—, pero te extrañan mucho.

Le creo cuando dice que los niños están bien, pero veo en sus ojos que debate entre estar aquí, en el hospital conmigo, o estar en la casa con ellos. Los niños también lo necesitan, sin embargo, hay una luz en sus ojos cada vez que me mira, creo que es optimismo. Esperanza. Convicción de que vamos a superar esto juntos.

Cada día que pasa creo que estoy más preparada para ver a los niños, sin embargo, me preocupa que verme represente un *shock* para ellos, pienso en cómo está mi cuerpo ahora…, pero eventualmente tendrán que verme. ¿Podré verlos pronto?

—¿Qué les has dicho sobre lo que ha pasado?

—Les he dicho la verdad desde el principio, aunque por supuesto, de una manera sutil, pero ellos saben —responde—. Están bien, son muy fuertes.

—¿Puedo hablar con ellos?

Había pasado una semana desde que Sammy les preguntó si querían hablar conmigo., se pusieron muy nerviosos, así que Sammy decidió intentarlo de nuevo pasados unos días.

Al principio, cuando me contó, me sentí triste, pero la verdad es que, aunque los extraño y siempre querré tenerlos cerca de mí, es posible que yo tampoco esté lista para verlos, no puedo culparlos… es difícil.

—Lo que podemos hacer es esto, salgo esta tarde, les pregunto de nuevo, y los preparo un poco, hablaré con ellos para ver cómo se sienten.

Asiento con la cabeza, y empiezo a pensar en cómo resultará esta idea. Estoy emocionada, pero al mismo tiempo muy, muy nerviosa. ¿Y si dicen que no? ¿Qué pasa si no están listos? ¿Y si es demasiado para ellos? Me siento muy mal por ponerlos en esta situación, sólo quiero abrazarlos.

Mi mamá se queda conmigo en el hospital y Sammy se va a la casa, nuestro plan es que si dicen que sí, hagamos una llamada por FaceTime, de esa manera podemos vernos las caras.

Unas horas más tarde, Sammy le envía un mensaje a mi mamá, le dice que los niños quieren hablar. ¡Está sucediendo, realmente está sucediendo!

Mi corazón comienza a latir muy rápido, no puedo creer que voy a hablar con mis hijos después de tanto tiempo.

—Es hora, ¿estás lista? —pregunta mi mamá con emoción.

—Está bien —le respondo. Puedo sentirme conteniendo la respiración. Suena el teléfono y aparecen en la pantalla.

Veo a Jacky y Joseph, y al instante comienzo a llorar, apenas puedo hablar con esta cosa en mi garganta, y mi voz suena diferente.

Sabía que iba a ser extraño para ellos, y para mí también, tengo que hablar más alto para que puedan oírme, pero mi voz es muy débil y me está costando que me entiendan.

Sin embargo, vale la pena, les digo cuánto los extraño, parecen nerviosos, pero felices de verme, noto en sus caras lo mucho que están tratando de mantener la compostura. Veo a Ariela y a Raquel al fondo, Ariela todavía no entiende nada, pero Raquel sí, un poco, viene junto a la pantalla y le digo cuánto la he extrañado, ella dice: "hola mami" y sonríe, pero se aleja de la pantalla tan pronto como llega. Veo que Jacky y Joseph comienzan a sentirse más cómodos, y me enseñan diferentes cosas que tienen en la casa, me cuentan sobre el campamento al que fueron cuando llegaron a México.

Están bien, pienso.

Después de lo que parecen solo unos segundos, nos despedirnos, les digo cuánto los amo, cuánto los extraño.

—Gracias por hablar conmigo —me despido—. Los amo.

—Nosotros también te amamos —responden.

La llamada termina y siento lágrimas caer por mi cara, cuando volteo, veo a mi mamá con lágrimas en los ojos, me abraza y me dice lo hermoso que fue presenciar la llamada.

—Todo estará bien —me asegura.

Esta noche me siento diferente, mi corazón se siente más libre y me duermo con las caritas de mis hijos en la mente, es lo último que recuerdo antes de que la habitación se oscurezca, mientras me quedo dormida, pienso en algo, una lección que he aprendido a través de cada dolorosa respiración.

La gente dice que la vida no es fácil, pero creo que la vida realmente es simple la mayor parte del tiempo, no nos damos cuenta de lo fácil que es, hasta que las cosas se complican de manera increíble. No es hasta que estamos ocupados, que apreciamos la calma. No es hasta que estamos enfermos, que damos gracias por nuestra salud. No es hasta qué sentimos dolor, que apreciamos la falta de sufrimiento.

¿Y si empezáramos a dar gracias ahora,
sin esperar a que nos suceda
algo que nos haga darnos cuenta?

CAPÍTULO 8
Juntos

Tu éxito y felicidad están en ti. Manténte feliz,
y tu gozo y tú formarán un ejército
invencible contra las dificultades

Helen Keller

Los niños están de vacaciones, pero pronto comenzarán las clases, tenemos que inscribirlos a una escuela en México, aunque no tenemos cabeza para pensar en eso. Sin embargo, como padres, debemos tomar decisiones, incluso cuando nuestras mentes están llenas de otros pensamientos.

Decidimos inscribirlos en la misma escuela a la que van sus primos, para que estén juntos durante el proceso, tal vez eso lo haga más fácil. Realmente no puedo hacerme cargo de tomar esta decisión, por lo que sólo me preguntan sobre lo esencial.

Mi cuñada, Reina, se ofrece a ir a comprarles lo que necesitan, uniformes, útiles, mochilas, etc., teníamos la esperanza de que pudiera salir del hospital antes de que comenzaran las clases, pero no será posible, así que todos intentan ayudar a que el proceso sea lo más fácil posible para los niños. Les digo que lo que ellos decidan me parece bien, no puedo pensar en estas cosas en ahora, así que confío en que Sammy decidirá lo mejor para los niños.

Hoy me siento un poco más fuerte, Sammy y mi familia están aquí conmigo todo el tiempo, me siento mejor, pero cada vez que Sammy sale del hospital, me pongo muy ansiosa, ya que él es el que está a cargo de todo. Él sabe lo que está pasando, cada detalle, y me conoce tan bien, que ni siquiera tengo que decir nada para que me entienda, pero también entiendo que tiene que estar con los niños.

—Tengo una sorpresa para ti esta tarde —me dice.

No tengo idea de qué puede ser, solamente espero que no sea otro paseo por el pasillo, aquella vez, literalmente me sacaron de mi habitación y me regresaron, esta vez no me voy a hacer ilusiones.

—¿Estás lista para tu sorpresa? No quiero decirte lo que es, pero te prometo que vas a querer saltar y salir de la cama cuando lo veas.

¿Es realmente lo que creo que es?

Lo nota en mi cara, porque instantáneamente dice: ¡Sí! No sé cómo logré convencer a la jefa de enfermeras, ¡pero lo logré! Debido a que estamos en una habitación en una unidad de terapia intermedia, no dejan que los niños entren a esta área, es una concesión especial, estarán aquí en dos horas.

Tan pronto Sammy me lo confirma, mi corazón comienza a latir a mil por hora. Mis pensamientos se escurren en todas direcciones, pero la misma pregunta sigue volviendo: ¿Tendrán miedo de verme? ¿Seré capaz de ser fuerte para ellos?

Desearía que no tuvieran que pasar por estos momentos extenuantes.

Jacky

6 de agosto de 2014.- El día que he estado esperando por dos meses.

El día que por fin vuelvo a ver a mi mamá. Esta mañana me siento enfermo, porque estoy muy nervioso. Estoy eufórico de alegría pero al mismo tiempo no sé qué esperar. No sé cómo se sentirá mi mamá.

¿Y si se avergüenza de sí misma por que la veamos así? O tal vez ella está sufriendo demasiado en este momento.

Un sinfín de escenarios posibles pasan por mi mente. Mientras todos estos pensamientos y sentimientos están dando vueltas dentro de mí, siento que necesito mostrar estabilidad y compostura, para dar un ejemplo a Joseph.

Estoy tan emocionado que ni siquiera pude comer nada en toda la mañana.

Mi papá pasa por nosotros, llega a casa con un regalo envuelto para que se lo demos a Mami.

Ni siquiera sabemos lo que hay dentro. Le estoy haciendo muchas preguntas y no puedo dejar de hablar, a pesar de que soy una persona tranquila. Durante todo el camino, entre sentirme enfermo, ansioso, emocionado y temeroso, sigo fingiendo estar relajado. Al llegar al hospital nos llevan a una sala de espera.

—Pa, ¿dónde está el baño? —ya no puedo controlar mis emociones.

Un par de minutos después, salgo del baño, y mi tío le dice a mi papá: Estamos listos.

En ese momento exacto, mi corazón dio un vuelco.

Lo único que sigo pensando es: Esto es real. Esto está sucediendo. Hoy voy a volver a ver a mi mamá.

Mientras subimos al elevador, mi tío nos dice: Escuchen, cuando salgamos, no podemos hacer ningún ruido. Hay mucha gente muy enferma aquí y no dejan niños en la unidad de terapia intermedia.

Estoy viendo a mi papá, cómo todo el proceso es rutina para él, camina como si conociera todo el hospital, como si viviera aquí.

Entonces pienso: Bueno, tal vez es porque apenas ha salido del hospital durante los últimos dos meses.

Pasamos por las habitaciones y no hay una sola persona que no sea enfermera o médico en toda la zona. Es intimidante. A medida que nos acercamos poco a poco a su habitación, empiezo a escuchar a mi mamá llorar. Cada paso que damos, puedo escucharla más fuerte. Mi papá tiene una sonrisa en el rostro que nunca olvidaré. Cuando llegamos a la habitación, mi papá se asoma para ver si podemos pasar.

Mientras tanto, muchas enfermeras nos están poniendo batas y una mascarilla a cada uno de nosotros, pero todo lo que puedo escuchar es el llanto de mi mamá. Las enfermeras terminan, y ya es hora.

Entramos a la habitación. Veo a mi mamá e inmediatamente corro al lado de la cama para abrazarla. Ni siquiera me doy cuenta que le falta un brazo y una pierna, ni noto todas las máquinas y cables a su alrededor. Simplemente la abrazo, y toda la ansiedad, el miedo y la preocupación que estaba sintiendo desaparecen. Lo único que puedo sentir ahora es alivio, y que finalmente he recuperado a la persona que más amo en este mundo. Después de un tiempo, volteo alrededor de la habitación. Está llena de tarjetas que le ha enviado la gente, fotos de nosotros y dibujos. Es entonces cuando me doy cuenta de lo mucho que la gente se preocupó durante todo este tiempo por nosotros. Ahora me siento completo.

Puedo decir honestamente que este es el mejor día de mi vida.

D—s mío, no puedo creerlo.

No puedo expresar la emoción que siento en este momento. Soñé todos los días con esto, pero saber que va a suceder hoy, es el mejor regalo que alguien me podría dar.

Quiero que estén aquí ya, puedo sentir mi corazón latir dentro de mi pecho.

Le digo a mi hermana Tali, que está en la habitación conmigo: No puedo ni imaginar lo asustados que deben de sentirse en este momento, me siento tan mal de que tengan que vivir algo como esto. Ser testigo de que las personas que más me importan en la vida experimenten tristeza directamente por mi culpa, me rompe el corazón.

—No te preocupes por eso, Nity. Están felices de poder verte por primera vez en más de dos meses. Vas a ver…

Después de unos minutos, Sammy anuncia: ¡Están aquí! Se están preparando. El hospital necesita que estén completamente cubiertos. Los van a ayudar a ponerse las batas médicas y las mascarillas, y en unos minutos saldré a buscarlos.

Veo que se abre la puerta y la primera persona que asoma la cabeza es Jacky, luego Joseph, seguido por Raquel.

Vienen casi corriendo a abrazarme y en ese momento juro que mi corazón late tan fuerte que siento que va a estallar. Me abrazan con todo su ser, no sólo con sus brazos. Su calor rodea cada centímetro de mí, me hace sentir amada. La felicidad que siento en este momento es inmensa, hace que valga la pena todo lo que he pasado para tener a mis hijos en mi vida. ¿Serán los días malos los que te preparan para que los buenos sean mucho mejores? Como mamá, no hay nada mejor que ver a tu hijo sonreír.

Mi abuelita me dijo una vez: Lo más importante en la vida es aprender a dar amor, y dejar que ese mismo amor regrese a ti.

No hay manera de explicar lo positivamente impactante que es esta visita para mí. Esta noche me siento feliz de nuevo, más liviana, completa, con una enorme necesidad de estar sana y bien para ellos. Sé que los he hecho pasar por el momento más difícil de sus vidas, pero esta noche me prometí que nunca dejaría de dar lo mejor de mí por ellos. Lucharé con todo mi ser para que se sientan orgullosos de mí. Voy a tomar este momento de dicha y aferrarme a él con fuerza, esto me animará a través de las dificultades que están por venir.

Agosto, 2014

Los médicos deciden trasladarme a una habitación diferente en otra área del hospital. Es como una habitación de hospital normal, pero más grande, dicen que es como un apartamento, pero dentro del hospital.

—Esta habitación es definitivamente más espaciosa y se siente más cómoda, incluso podríamos traer a Ariela con nosotros la próxima vez que vengamos —dice Sammy.

La habitación no se parece a la otra, no hay cantidades infinitas de máquinas prendidas, silbando o encendiéndose cada minuto. Es más tranquila, más pacífica, se siente agradable. El apartamento tiene tres habitaciones separadas, uno de los cuartos sería para mí, como mi habitación normal de hospital. La habitación contigua tiene una cama para Sammy, esto será un alivio para él, después de tener que dormir en un sofá duro del hospital durante casi tres meses. En la otra habitación, hay dos sillas y una mesa redonda en la que podrían sentarse cinco personas. Esto obviamente me ayuda mucho porque toda la jornada médica es mucho más tranquila, los médicos y las enfermeras no vienen tan seguido y puedo recibir visitas. En la unidad de cuidados intermedios sólo podían visitarme Sammy, mis padres y mis hermanas.

Los médicos quieren que esté en esta habitación unas semanas antes de irme a casa. Obviamente, estoy mucho mejor, pero deben asegurarse de que esté lista para poder vivir fuera del hospital sin tantos cuidados. Me siento ansiosa y contenta que nos mudamos a este nuevo lugar, es un paso más cerca de estar en casa. Estar aquí también me trae paz, no me hace sentir como si estoy en un hospital, es un lugar mucho más tranquilo. Estoy feliz que Sammy no tenga que dormir en ese terrible sofá, tendrá su propia cama y televisión en la habitación al lado de la mía, tal vez duerma profundamente, y una noche completa por primera vez en meses.

Después de cambiar de habitación, una doctora de rehabilitación viene a verme, es la jefa de la unidad de fisioterapia del hospital. Es una persona dura, y no muy amable, desde el momento en el que la conocí, no tuve un buen presentimiento sobre ella. Siento que no entiende por lo que estoy pasando, le explico los muchos puntos de dolor que tengo, el nivel de gravedad y cómo se siente estar en mi cuerpo ahora.

Ella responde: No estás trabajando lo suficiente, necesitas trabajar más duro.

La palabra "sorprendida" se queda corta. Durante su visita, me pide que realice muchos movimientos bruscos, estoy tan delgada y débil que los movimientos son casi imposibles, su falta de apoyo tampoco me ayuda.

Mi cuerpo no está completamente curado, tengo numerosas heridas abiertas, y cualquier movimiento provoca un dolor repentino e insoportable. ¿Cómo puedo trabajar más duro cuando siento que estoy desgarrando mi propio cuerpo?

Después de un día tan difícil, Sammy entra a la habitación, al mismo tiempo que la doctora se va, me explica que me van a trasladar a una silla de ruedas para llevarme a la sala, y saludar a un invitado que está seguro me alegraré de ver.

—No quiero ver a nadie —le digo a Sammy, pero él se niega a retroceder.

—Por favor, confía en mí —responde.

Nunca, en nuestros catorce años de matrimonio, Sammy me ha pedido que confíe en él, así que esto debe de ser muy importante.

Me trasladan al sillón y me sorprende ver sentado en mi nueva sala a un rabino a quien realmente disfruto mucho escuchar, y al que le tengo un respeto enorme ¡No puedo creer que haya venido a visitarme el Rabino Anidjar! Al instante me pongo nerviosa, y al mismo tiempo, emocionada.

Lo escucho hablar durante aproximadamente una hora, es como si fuera magia, sus palabras me consuelan y me sostienen; como si sus palabras tuvieran el poder de sanar. Empiezo a recordar por qué amo tanto cómo habla, por qué amo mi religión tan profundamente, por qué mantengo mis creencias con tanta reverencia. Habla de tal manera, que lo que dice aterriza en lo más profundo de mí, justo en mi centro. Inmediatamente me siento diferente, no sé cómo explicarlo de una mejor manera, pero mi alma ha despertado, me siento llena por primera vez en mucho tiempo. Estoy de vuelta. Si esto me hace sentir así, entonces estoy bien, voy a estar bien, así era la Ronit de antes.

De pronto empieza a entrar mucha gente en la habitación, , me doy cuenta de que han venido a visitarme alrededor de quince personas, están en silencio y todos escuchamos con atención las hermosas palabras del rabino.

Verme rodeada de tanta gente me produce una sensación indescriptible, siento como con cada palabra se va llenado mi alma de alegría.

En ese momento pienso: Este es mi verdadero yo, puedo estar sin varias partes de mi cuerpo, y con muchas heridas, con un largo camino por recorrer, pero saber que mi alma, mi mente y mi corazón están intactos... Eso no tiene precio. Toda mi gratitud es para Ti, D—s.

Ahí es cuando las cosas comienzan a sentirse cada vez más fáciles, mis hijos han venido a verme dos o tres veces más, y finalmente pudieron traer a Ariela.

Cuando me enfermé por primera vez, ella solo tenía un año, la última vez que la vi, apenas comenzaba a caminar, y hoy entró corriendo a la habitación. Es increíble lo mucho que ha crecido, me provoca un sentimiento extraño. Estoy triste porque perdí tres meses con ella y perdí grandes logros, pero al mismo tiempo me siento muy agradecida por estar viva, y seguir siendo su mamá.

No está lista para acercarse a mí porque las máquinas la aterrorizan, todavía estoy conectada a muchos aparatos, porque sigo necesitando una gran cantidad de medicinas. No importa, finalmente puedo ver sus ojos y sé que me reconoce, no es que se le haya olvidado que soy su mamá, pero esto es demasiado para ella, para todos, y va a tomar tiempo, aunque no puedo abrazarla, mi corazón está lleno sólo de verla y de tenerla un poco más cerca de mí.

Ser parte de esta familia implica además de un profundo amor, saber que estamos para cuidarnos entre todos, saberlo me da fuerzas para seguir adelante.

Tener la responsabilidad completa de otro ser humano, y aprender a amar y a vincularte de la manera más profunda posible, es una experiencia como ninguna otra: ser la madre de alguien no tiene sustituto. Qué privilegio y qué regalo es ser su mamá.

Unos días después, recibí una maravillosa sorpresa, dos de mis mejores amigas vinieron a visitarme: Sofy y Sharon. Trajeron un collage con varias fotos de nuestro grupo de amigas, somos seis en las fotos. Nuestra dinámica es simple: cada vez que estamos juntas, la pasamos súper bien, y encontramos formas para distraernos de nuestra rutina.

Tratamos de irnos de viaje una vez al año, no importa a dónde, mientras estemos juntas. Nuestro mejor viaje fue a Disney World, fuimos hace cinco años por cuatro días. Nos reímos tanto, que cuando volvimos me dolía la cara de tanto sonreír. Somos amigas desde hace 13 años.

Mientras miro la foto, recuerdo que cuando la tomamos, nos estábamos riendo de una tontería. Sofy y Sharon dejan el cuadro al lado de mi cama.

Pensé que se quedarían sólo unos minutos, pero pasada una hora, de pronto me dicen: Te tenemos una sorpresa: ¡Vamos a pasar la noche contigo!

¿Qué? Ojalá pudiera levantarme y abrazarlas, estoy tan feliz de estar con ellas… No importa que estemos en el hospital y que yo esté acostada en mi cama. Comienzo a sentirme un poco como la Ronit que veo en las fotos que me trajeron, es como si pudiera sentir una corriente de aire fresco atravesándome.

De pronto, no siento la abrumadora sensación de estar enferma. Sabía que ellas eran importantes para mí, y una gran parte de mi vida, la felicidad que me han dado es enorme.

Hablamos de muchas cosas, de cómo va todo en Panamá, de nuestra amiga Alice, y lo que tuvo que pasar para luchar contra el cáncer. Ellas saben muchas de las cosas que me pasaron, Sammy me dice que la gente me escribe muy seguido, y también envían mensajes de voz, aunque viven en Panamá, están muy presentes en mi nueva vida en México.

—¿Te acuerdas de algo de lo que pasó? —me preguntan.

—Recuerdo cuando me llevaste al hospital, Sharon. Recuerdo flashes en el hospital contigo esa mañana, y luego cuando me dejaste en mi casa. No podíamos creer que el doctor de Panamá nunca vino a verme al hospital, él sabía que estaba muy enferma.

También recuerdo cuando volví con Sammy, pero lo que más recuerdo es que incluso cuando estaba dormida, podía escuchar muchas cosas, escuchaba a los doctores y a las enfermeras hablando entre ellos. Recuerdo los suspiros de mi mamá y de Sammy rezando y cantando. Siempre que me hablaba, me sentía muy cerca de él aunque estaba dormida.

—Así es como lo veo —les digo—. Puedo pasarme toda la vida preguntándome cómo resultaron las cosas, cada pequeña cosa que hice o no hice, cada pequeña decisión que tomé o no tomé. Es normal mirar hacia atrás, somos humanos, queremos entender las cosas, y sí, a veces hay lecciones que aprender. Las miro profundamente a los ojos. Al final, me di cuenta de que no me ayuda seguir mirando hacia atrás o lamentando las cosas que pasaron. No puedo volver atrás y cambiar nada, es un desperdicio de energía. Hace unos días decidí que sólo tenía una forma de avanzar, y es hacia adelante.

Me miran fijamente, realmente escuchando lo que les estoy diciendo.

—Sabía que iba a estar bien, no puedo decir cómo lo supe, tenía la suficiente fe en D—s y en mí misma para continuar y seguir luchando. Hay mucho que no entiendo... pero no entender es mejor que no creer.

Al estar aquí con ellas, no siento esa abrumadora sensación de estar enferma, estar rodeada de mis amigas, me llena el corazón.

—Me están dando el mejor regalo del mundo —les digo.

Necesito contarles muchas cosas más, pero no quiero hablar de lo que me ha pasado. No quiero perder el tiempo que tengo con ellas hablando de hospitalizaciones, medicinas o de mi recuperación. Quiero disfrutar de este momento y permitirme estar completa, que me abracen y que me escuchen.

Estoy segura que no tienen idea de cuánto significa su presencia para mí. Cuánto impactan en mi vida... No he sido capaz de sonreír tanto en mucho tiempo. ¿Cómo les explico lo que estoy sintiendo, lo que estoy recibiendo gracias a su visita?

En uno de los momentos más difíciles de mi vida, están aquí conmigo, ayudándome, distrayéndome, obligándome a comer y simplemente haciéndome reír de nuevo. Me están ayudando a ver el futuro por primera vez desde que empezó esto. Casi puedo verlo: salir de este hospital, recuperar mis amistades, recuperar mi vida, habrá muchos obstáculos y tiempos difíciles por delante, pero estas últimas 24 horas me han dado esperanza, y ahora hay un poco de luz entrando por la ventana de lo que sigue en mi vida.

Raquel

Cuando estoy cerca de Tita, mi abuelita, me siento tranquila. Ella ayuda a que nuestro tiempo en México se sienta más como estar en casa. Siempre está con mi hermana Ariela y conmigo, en la casa o en nuestras presentaciones escolares. No sé qué haría sin ella. Tenerla ahí para nosotros todo el tiempo significa mucho para mí.

Me dijeron que la escuela va a empezar pronto. No tengo ganas de ir a una escuela nueva. No sé si me va a gustar o si les voy a caer bien a mis compañeros nuevos. Se supone que debo pasar a primer grado, pero mi papá dice que prefiere que me quede en el mismo grado en el que estaba cuando estaba en Panamá, así que estaré en kínder nuevamente este año. Mi tía Reina le dijo a mi papá que hay una maestra de kínder muy buena, y que me será más fácil adaptarme, eso espero.

Empecé a ir a la escuela la semana pasada. Me gusta mucho mi maestra, aunque la escuela no me gusta tanto como mi escuela en Panamá. Aquí en México vemos a nuestros primos muy seguido. Nos sentimos mejor sabiendo que no estamos solos en esta nueva escuela, en este nuevo apartamento, en un país lejos de casa.

Jacky empezó sexto grado, Joseph cuarto grado y Ariela está en preescolar. Viajamos juntos al colegio todos los días en *bus*. Ariela llora mucho. Quiere quedarse en casa, pero Jacky y Joseph dicen que están bien. He oído que Jacky la ha pasado mal con su profesor, pero no parece estar tan preocupado. Tengo una maestra súper linda y mi papá nos dijo que vamos a estar aquí por poco tiempo, mientras Mami se mejora. Se siente raro estar aquí en México, pero entiendo que estamos aquí por mi mamá. Espero que se mejore pronto y podamos regresar a casa.

Joseph

Las cosas en México están bien, aunque es muy diferente a mi vida en Panamá, creo que estoy bien la mayoría del tiempo. Tita, mi abuelita, nos está haciendo sentir muy seguros en casa y en nuestra escuela. El ambiente donde vivíamos en Panamá era muy tranquilo, por lo que Tita nos está dando esa sensación aquí en México. Siempre estamos con familiares que nos cuidan. Paso gran parte de mi tiempo con mis primos. Disfruto mucho estar cerca de ellos.

Muy seguido me pregunto: ¿Por qué papá nos deja por tanto tiempo?

Entiendo que tiene que estar ahí para mi mamá, pero me gustaría que pudiera estar más con nosotros. Lo extraño mucho.

Cada vez que llega, nos cuenta cómo está Mami, dice que ha sido difícil, y seguirá siéndolo para todos nosotros. Dice que mi mamá está muy delicada en este momento, pero está mejorando mucho y eso me hace sentir feliz. Papi siempre nos da respuestas honestas a todo lo que le preguntamos. Aprecio y admiro eso. Él siempre piensa que todo va a estar bien. Eso también nos ayuda.

Normalmente Jacky es el que le hace las preguntas y yo escucho. Él y yo siempre hemos sido muy unidos.

Mi hermano pregunta: Pa, ¿cuándo podemos ir a verla de nuevo?

Papi responde que no sabe, nos explica que la trasladaron a otra habitación, y dice que está mucho mejor, que los doctores están optimistas, y que ella estará bien.

Realmente espero que tengan razón.

CAPÍTULO 9
Nuevos comienzos

Sólo los que corren el riesgo de avanzar,
pueden saber hasta dónde

Rocky Balboa

He pasado tres meses viviendo en un hospital, pero se siente como una década. ¡Hoy me voy a casa con mis hijos! Estoy muy feliz de salir a un ambiente más tranquilo, donde tendré mi propia almohada, sábanas y toallas. Cuando miro las toallas del hospital, pienso en todo para lo que se usaron, y de pensarlo me dan escalofríos. Era muy desagradable cuando me limpiaban la cara con esas toallas.

¿Realmente podré vivir sin acceso instantáneo a médicos, enfermeras y máquinas las 24 horas del día? ¿Está mi cuerpo lo suficientemente preparado? ¿Qué sucedería si tengo una emergencia y no tengo un médico cerca?

Lo que sí sé, es que no puedo quedarme atrapada en esta cama para siempre y dejar que la vida pase. Tengo que volver a ser madre.

En este momento todo parece imposible ni siquiera puedo pensar con claridad todavía. No creo que esté mentalmente preparada para volver a ser, o comportarme como una mamá. De hecho, no tengo expectativas de recuperar mi vida por completo, ya que aunque mi cuerpo está fuera de peligro, mi mente está completamente concentrada en sobrevivir, vivir de momento en momento, día a día. La idea de enfrentarme al mundo exterior ahora, con mi cuerpo y mi vida cambiados irrevocablemente, es abrumador. La idea de ir a comer con mi familia a un restaurante, me parece aterradora. Dejar el hospital se sentía como una meta lejana, y ahora ese momento está aquí, y no me siento lista.

¿Puedo ser valiente y tener miedo al mismo tiempo?

Estoy aprendiendo que no tenemos que estar preparados para todas las situaciones de la vida. Lo que sí sé, es que tengo que ser lo suficientemente valiente para intentarlo.

Sammy, mi papá, mi hermana Carla y Gil están sentados en la mesa del hospital, hablando y riendo. Están intentando aprender a usar mi nueva silla de ruedas. Con todo lo que están preparando siento que me voy a una misión a la luna. Estoy muy emocionada por ver a mis hijos todos los días, ver cómo están viviendo, pero al mismo tiempo estoy petrificada. Creo que todos en la vida le tenemos miedo a algo, pero depende de cada uno de nosotros decidir si vamos a luchar contra el miedo o si nos escondemos detrás de él. Yo voy a pelear por salir adelante.

Mi familia me ayuda a vestirme mientras juntan los regalos y recuerdos que la gente me ha mandado en los últimos tres meses.

Entran los doctores y las enfermeras para despedirse. Me dan palabras de aliento y me dicen que me van a extrañar, pero que están felices que por fin me vaya a casa.

Las enfermeras me preguntan si quiero bañarme antes de irme, no sé si se le puede llamar baño a lo que me han dado durante los últimos meses, aunque es mejor que el baño de toalla que me daban al principio, eso fue horrible. Decido aceptar su oferta y luego me ayudan a vestirme. Me trasladan con cuidado al sofá reclinable de mi habitación mientras mi enfermera personal viene a peinarme. Nada especial, pero estoy agradecida por ese gesto aparentemente pequeño. Las cosas pequeñas suman mucho en estos días.

Después de repasar mi rutina médica con Sammy, la enfermera me ayuda con mi nueva silla de ruedas. Miembros de mi familia, uno a la vez, vienen a verme, me preguntan si estoy emocionada por dejar el hospital e irme a casa.

—Claro —les respondo.

Los doctores que me han tratado desde el principio entran en la habitación, hablamos un poco y nos tomamos fotos. Creo que es alrededor de la una de la tarde, Sammy está completando algunos documentos para que podamos irnos. Alguien me empuja hacia adelante en mi silla de ruedas... Unos minutos después estoy afuera del hospital por primera vez en tres meses. ¡Libre al fin! Miro al cielo y tomo una bocanada de aire puro y fresco. No puedo creer que este día finalmente haya llegado.

Sammy me mira, se asegura de que estoy lista. Esto es aún más difícil para él que para mí. Probablemente está preocupado, preguntándose si está lo suficientemente preparado para cuidarme. No tengo ninguna duda que lo hará súper bien. No sé qué tipo de vida voy a tener afuera por lo que aún no sé hacer, sólo deseo despertar todos los días y tener una actitud positiva, con suficiente gratitud y fuerza para luchar por esta nueva vida.

Fuera del hospital todo se mueve más rápido, es abrumador. Cuando estaba en mi habitación, estaba en mi burbuja. Me acostumbré al zumbido de las máquinas y a los susurros de las conversaciones de la gente que estaba cerca de mí. Ahora que estoy afuera, los ruidos son más potentes y llenan mi cabeza rápidamente. Todo el mundo corre, la gente habla sin parar, los carros tocan la bocina, e incluso huele raro. Siento que estoy procesando la ciudad como si fuera la primera vez que la veo. Sammy me levanta para ayudarme a subir al carro. Me abrocha el cinturón de seguridad con tanta delicadeza, como si estuviera envolviendo a un recién nacido. En lo que parece un abrir y cerrar de ojos, estamos camino a casa —bueno, al hotel que ahora llamamos hogar—. Se siente muy extraño estar fuera del hospital. Es increíble cómo la vida ha continuado como si nada hubiera pasado, mientras yo cambié para siempre. Nunca volverá mi vida a ser como era antes.

Honraré a mi familia y me honraré a mí misma, me lo prometo. Dejaré mis miedos a un lado y haré lo que sea necesario para estar con ellos nuevamente.

Cuando llegamos al hotel/apartamento, se abre la puerta, y ahí está mi familia esperándome.

—¡Bienvenida a casa! —gritan en coro.

Las primeras personas a las que veo son mis hijos, luego mis papás, mis hermanas, mis sobrinos y sobrinas, mi abuelita, mi suegra y mi suegro, mi cuñada, Sharon y finalmente mi tío Gil y su esposa; un mar interminable de rostros que amo. Alrededor de 25 a 30 personas están en la sala. Todos se acercan para abrazarme.

Hay una mesa muy bonita en el centro de la sala con muchas galletas y dulces decorados. Giran mi silla para que vea los mensajes hermosos pegados en las paredes junto con globos y flores. Es tan lindo ver a estas personas que quiero tanto... Siento una inmensa felicidad, tanta, que es difícil expresar adecuadamente cómo me siento, así que sólo sonrío.

—¿Quieres abrazar a Ariela? —pregunta alguien.

Mi corazón comienza a latir más rápido, esta sería la primera vez que podría cargarla de nuevo. Me siento emocionada, miro a todos a mi alrededor y sonrió. Miro a Gil y veo cómo se seca unas lágrimas.

—Me prometí desde el principio que no iba a descansar hasta que te viera abrazar a tu hija de nuevo —dice mi tío.

Una sonrisa aún más amplia se dibuja en mi rostro y digo gracias, esa gratitud viene desde el centro mismo de mi corazón.

Este ha sido el período más difícil de mi vida.

Un paso y luego el otro, repito en mi mente.

Quiero recordar a la persona que era antes y aceptar a la persona que soy ahora. No quiero comparar ni señalar las enormes diferencias, que son obvias, pero quiero motivarme y seguir enfocada en un resultado positivo. Quiero seguir mejorando y luchar para ser la mejor persona que pueda llegar a ser. A veces lo más difícil de sobrevivir es ver lo que te espera al otro lado.

A estas alturas, me estoy volviendo buena para compartimentar mis sentimientos, especialmente el dolor, para que no se apodere de toda mi vida. Sí, el mundo está lleno de una crueldad indescriptible: momentos feos y trágicos, pero la respuesta no es dejar de sentir esperanza, felicidad o amor. Necesitamos tratar de saborear cada preciado segundo de esos sentimientos cuando llegan. Tenemos que intentar amar como locos, siempre que podamos.

Lo que me pasó no destruirá mi vida, me curaré y haré lo posible para volver a ser la Ronit que era, la Ronit que aún sigue allí... en alguna parte. Sólo tenemos una vida y aquí hay algo que nadie realmente te dice: está llena de segundas oportunidades.

Volver a casa era el objetivo. Ahora que estoy aquí, necesito concentrarme en el siguiente paso. Tuve que vivir cada momento, cada minuto de la parte difícil para llegar hasta este punto. Sí, hay lágrimas en mis ojos, pero son lágrimas de felicidad. Es un sentimiento reconfortante llorar y reír al mismo tiempo, sentir la alegría de la gratitud.

Elijo centrarme en que no podré cambiar la realidad, únicamente seré capaz de decidir la forma en la que quiero afrontarla, y la única manera de hacerlo es aceptar la ayuda de los demás.

Mami

Ronit acaba de llegar al hotel que será su *hogar* por un tiempo. Resultó ser un día bastante emotivo. Tali y yo organizamos una fiesta de bienvenida con dulces, flores y globos.

Arielita estaba allí para saludar a su mamá, se sintió extraña al ver a su mamá de nuevo. Tan pronto como llegó Ronit, la reconoció de inmediato, pero estaba observando lo que pasaba a su alrededor.

Hay mucha gente en su casa, y acaba de ver a su mamá en su casa por primera vez en tres meses. Llegó en silla de ruedas y parecía nerviosa al principio.

Me volteé para ver su cara, estaba abrumada, pero feliz, después de unos minutos, Ariela estaba sonriendo sentada en las piernas de Ronit. Ambas tenían una sonrisa.

Los dejamos solos para que descubran esta nueva vida juntos como familia.

Carla

Ronit,
Hoy saliste del hospital. Puedo ver que estás lista para enfrentar la realidad de tu nueva vida. Llegaste al hotel donde te esperábamos, fue un día de alegría, verte rodeada de tus hijos y el resto de la familia. Estabas tan feliz. Cuando te vi salir del hospital me sentí atormentada, como si lo que te ha pasado fuera aún más real y, sin embargo, tu vida ha comenzado de nuevo. Qué milagro. Estoy segura de que te adaptarás y aprenderás a navegar esta nueva realidad. Será difícil comenzar a hacer de nuevo lo que antes hacías con tanta facilidad y sin pensarlo. Va a ser un largo camino, pero sé que vas a tener éxito. Nunca te dejas caer.

Ha sido triste verte con tanto dolor, pero hace mucho tiempo decidí que no iba a dejar que me vieras así. No iba a dejar que vieras mi preocupación. Sobre todo, me enfoqué en estar ahí para ti, en ser la mejor hermana que podía ser, para ayudarte, apoyarte y alentarte a medida que avanzabas, literal y figurativamente. Seré tu apoyo y animadora a medida que avanzas. Puedes contar conmigo, Ronit, en cada paso del camino.

Carla

Me siento diferente estando aquí, definitivamente es mucho mejor que el hospital. Estar tan cerca de mis hijos todos los días, hace posible soportar cualquier cosa.

Tengo una nueva rutina: Me despierto y me baño, luego Sammy y la enfermera me preparan para ir a terapia.

El centro de terapia es enorme, ocupa todo un nivel del hospital, incluso tienen una ala separada exclusivamente para ortopedia. Es la primera vez que me examinan. Comienzan tocando y estimulando mis músculos para ver cómo responden. Luego completan algunos ultrasonidos, antes de pedirme que realice diferentes ejercicios. Explican que me debo preparar para cuando tenga que usar la prótesis.

Paso dos horas y media cada día haciendo diferentes ejercicios. Comenzamos con el entrenamiento de movilidad, centrándonos en los movimientos de brazos y piernas, terapia ocupacional para apoyarme emocional, social y físicamente. Luego me concentro en caminar, subir y bajar las gradas una y otra vez. Nunca pensé que de repente necesitaría aprender a caminar de nuevo, y mucho menos aprender a caer correctamente. Así comienza mi nueva vida física.

Me comporto obedientemente durante el proceso, y sólo hago lo que me piden. Es la primera vez que uso mi nuevo cuerpo de esta manera. Esta rutina continúa durante las próximas semanas. Estoy débil después de estar en una cama de hospital durante meses, así que me enfoco en hacer una cosa a la vez, escucho las instrucciones del doctor y completo mi terapia día tras día.

Pronto comienzo a sentirme diferente, ya no me siento como una paciente de hospital, lo que hago se parece más a ir al gimnasio.

Poco a poco incorporo diferentes prácticas como fortalecimiento abdominal, estiramiento y equilibrio, junto con algo llamado Terapia del Espejo. Es una terapia de rehabilitación en la que se coloca un espejo entre los brazos o las piernas. Refleja el movimiento de la extremidad no lesionada, en mi caso, mi pierna, y da la ilusión de un movimiento normal. Dicen que ayuda a la región del cerebro responsable del movimiento, la sensación y el dolor. Cada vez que hacemos estos ejercicios es como si estuviera oficializando que me faltan partes indispensables de mi cuerpo.

Algunos ejercicios se han vuelto fáciles, mientras que otros siguen siendo desafiantes. Me gusta cómo se siente mi cuerpo cuando hago ejercicio, me siento fuerte.

Tengo un largo camino por recorrer, todavía necesito mucha más fuerza, sin embargo, es bueno saber que estoy progresando, que mi cuerpo se está curando y fortaleciendo.

Después de la terapia nos vamos a casa, bueno, a nuestra casa/hotel en México, y esperamos a que lleguen los niños de la escuela. Almorzamos juntos, hablamos y reímos. Es tan lindo estar juntos de nuevo... Puedo ver el gran esfuerzo que todos están haciendo para estar aquí.

Los niños son asombrosos, tienen una enorme capacidad de adaptarse a casi cualquier cosa, aunque todavía veo el esfuerzo que están haciendo, tratando de sacar el máximo provecho de nuestra situación, sé que preferirían estar en Panamá con sus amigos, pero no me lo dicen, no quieren mostrarme cuánto les está costando estar aquí. Estoy orgullosa de ellos.

Sammy empezó a trabajar desde el hotel, se queda en su cuarto, tratando de recuperar el tiempo de los últimos tres meses en los que no pudo trabajar. Los primeros días me acompañaba a terapia, pero ahora necesita tiempo para dedicarse al trabajo. Así que decidimos que es mejor para él quedarse en casa y trabajar desde acá.

Algunas tardes, los niños tienen clases, mientras que también se ponen al día con el trabajo escolar de Panamá, de esa manera, cuando volvamos, podrán seguir en el mismo grado en el que estaban antes de venir a México. Sammy y yo estamos muy agradecidos con la escuela en Panamá, han sido un apoyo

increíble. Mandan trabajos mensualmente para que cada uno de ellos realice, y a veces les envían cartas de sus amigos, lo cual es muy dulce, los niños se emocionan mucho al leerlas. Los niños saben que los extrañan. Hace unas semanas, Jacky recibió una foto de uno de sus amigos, es una foto de dos de ellos jugando en un partido de fútbol.
Escribieron "¡TE EXTRAÑAMOS, JACKY!" en sus camisetas. Me di cuenta que Jacky se sintió super conmovido al ver la foto.

Todos los días alrededor de las seis de la tarde, los cinco días a la semana, llega otra terapeuta. Normalmente trabajo otras dos horas. Practico caminar y cómo caer, aprendo a proteger mi cuerpo en caso de algún accidente. En resumen, esa es mi vida fuera del hospital. También tengo algunas citas médicas de vez en cuando. Sabemos que esto es temporal, pero ni siquiera puedo pensar en los próximos pasos. Todavía todo es difícil... Sigo intentando comer un poco más cada día, y poco a poco voy subiendo de peso y sintiéndome mejor, me estoy enfocando en volverme más fuerte, con la esperanza de que el día que sigue sea mejor que el anterior.
Al llegar el viernes, Tita comenta: ¿Sabes que hay un Shabat especial este viernes por la noche? Será en un lindo hotel con el rabino Anidjar. Él es el rabino que me visitó en el hospital.

—Sé cuánto te gusta. ¿No crees que sería bueno que fuéramos?
—*Wow*, me encantaría —le respondo.
No sé si sea posible, todavía necesito muchas cosas: apoyo hospitalario, médicos y terapeutas a diario. Incluso si es sólo por una noche, no sé si puedo hacerlo, pero me encantaría ir con Tita. Ha estado cuidando a los niños sin parar durante tres meses. Lo menos que puedo hacer es intentarlo.
Hay momentos en la vida en los que ciertas cosas que tenemos delante de nosotros, quizás algo que ya conocemos o estamos acostumbrados, de repente cambia, y entonces adquiere una mirada y un valor diferentes y lo comprendemos desde otro ángulo. Así es como me siento acerca de la vida ahora. La aprecio más. Aprecio todo más. Creo que Tita puede ver que en realidad estoy considerando ir.
—Tu espíritu de vida es increíble —dice— con todas las limitaciones y necesidades, ¡en serio! ¿Quieres ir a Shabaton este fin de semana?
—Sí, Tita —respondo—. Vamos, te encantaría ir, así que yo también quiero ir —le respondo.

Tita

Hacemos lo necesario para ir el fin de semana al hotel con el Rabino, varios familiares nos acompañan.

Estamos en la cena de Shabat, escuchando las canciones de un grupo que canta a capela y nos mantienen entretenidos, Samuel pide discretamente al grupo que cante la melodía que solía cantarle a Ronit cuando estaba en coma en cuidados intensivos. Yo no lo sabía en ese momento, pero él solía cantarle una canción especial, sin saber si ella podía escucharlo, cantó la melodía durante varias semanas, hasta que un día ella despertó.

El grupo se acerca a nuestra mesa y mientras escuchamos, algo mágico comienza a ocurrir. Samuel y Ronit se miran con lágrimas en los ojos, conectados con una sensibilidad profunda. No entendemos lo que está pasando, ¿por qué están llorando? Se ríen y lloran simultáneamente, como si se entendieran simplemente mirándose a los ojos. Justo en este momento veo la divinidad presente firmemente, presenciar y experimentar la profunda conexión entre Samuel y Ronit... es un momento que nunca olvidaré.

Más tarde Samuel nos explica que solía cantarle esa canción, mientras Ronit estaba en coma. Él cantó, sin saber si ella podría oírlo, ¡y quedó claro, cuando se miraron a los ojos llenos de lágrimas, que ella realmente lo escuchó! Ronit, a su vez, expresa cuán feliz la hizo su cercanía, su alma gemela, cubierta y protegida por Sammy y por D—s. Todos los miramos con asombro, y de pronto la familia entera, empezamos a llorar.

—Estoy tan feliz de verte aquí. Algún día tú estarás en un escenario haciendo esto —dice el rabino.

—¿A qué se refiere? —pregunto.

—Siento que algún día estarás hablando en el escenario junto a mí —responde.

—No, rabino. Lo siento mucho, pero eso nunca sucederá. No puedo hablar en público. Me congelo incluso si estoy frente a una audiencia de diez personas.

—Bueno, te voy a decir algo, tienes una historia impactante y una lección de vida poderosa que puedes darle a la gente, así que piénsalo.

Ese día salimos del seminario y las palabras del rabino se quedaron grabadas en mi mente. No porque crea que puedo hacerlo, sino porque él ve en mí una posibilidad que nunca pensé que pudiera existir.

Pasan dos semanas y mi vida sigue el mismo ritmo: Me despierto, las enfermeras me ayudan a bañarme y a vestirme, trato de desayunar, dos horas de terapia en el hospital, y luego me voy a casa y espero a que lleguen los niños de la escuela. Por la tarde tengo terapia, y poco después me preparo para acostarme.

Todos los días son iguales, hasta que un día el rabino Anidjar llama a Sammy pidiendo hablar conmigo.

Me siento nerviosa, no sé lo que quiere, pero sus palabras siguen ahí, en el fondo de mi mente. Así que reúno el valor suficiente para contestarle, nos pide vayamos a visitarlo el domingo por la tarde.

Ese domingo nos sentamos frente a él, y nos dice: Ronit, sabes que se acercan fechas especiales en el calendario judío: Rosh Hashaná y Yom Kippur. Estoy realizando una conferencia entre esas fechas y me encantaría que vinieras y dieras la conferencia conmigo, sólo serán entre 15 y 20 minutos en el escenario.

Estoy asombrada, me siento tan honrada...

Wow, sabía que dijo que algún día compartiría escenario con él, ¡pero no pensé que sucedería tan pronto!

No puedo, aunque quisiera, me quedaría petrificada hablando, sería demasiado difícil. Mi mente se queda en blanco y mis labios no se mueven. No, no, sería imposible.

Me encantaría decirle que sí, me sentiría honrada de compartir el escenario con usted y simplemente sentarme a su lado, pero como le dije antes, no puedo hacerlo. No puedo hablar en público, me congelo y no me sale ni una sola palabra.

Sus ojos se encuentran con los míos.

—La gente necesita escuchar tu historia, estoy seguro de que si lo hacemos, podríamos ayudar a muchas personas. Mira, no estarías ahí arriba tú sola, estarías conmigo. Puedo ponértelo muy fácil, podríamos hacer rondas de preguntas y respuestas —me sugiere.

—Me siento muy mal por no decirle que sí, pero sinceramente creo que no puedo hacerlo. Lo lamento.

—Piénsalo, Ronit. Yo te ayudaría en el proceso, no me respondas ahora, pero quiero decirte algo. A veces sentimos que no tenemos la fuerza o la valentía para hacer ciertas cosas por nosotros mismos, cuando esto sucede, tienes otra opción: lo haces por otra persona.

Cuando llegamos a casa esa tarde, no podía dejar de pensar en lo que había dicho el rabino.

¿Será posible? ¿Sería capaz de hacerlo por los demás? ¿Mi historia es digna de contarse? Él es un gran narrador y conferencista, así que estoy segura de que si dice que es una buena historia, entonces debe ser verdad, pero ¿cómo puedo hacerlo? ¿Cómo puedo contar mi historia frente a una audiencia?

Estos pensamientos se convirtieron en mis constantes compañeros durante dos días. Después de decirme que debería hacerlo por otra persona, si no podía hacerlo por mí, tuve un presentimiento de que le iba a decir que sí, pero estoy tratando de encontrar una manera para hacerlo. Le pido a Sammy que llame al rabino Anidjar.

—Está bien —le digo mientras contesta el teléfono—. Lo haré.

Faltan cinco días para la conferencia del rabino, tengo poco tiempo para prepararme, así que inmediatamente empiezo a pensar en un plan. ¿Qué voy a decir? ¿Cómo puedo ayudar a la gente? ¿Cuál es mi historia para compartir? Lo único que me viene a la mente es mi fe. La fe ha sido mi compañera constante, incluso cuando no podía hablar. Mi fe me mostró lo agradecida que estoy por estar viva, y por tener esta oportunidad de vivir de nuevo.

Bien, eso es algo de lo que puedo hablar, de mi fe. Todas las conversaciones que tuve y sigo teniendo con D—s. Agradeciéndole y pidiéndole que me de fuerzas para seguir luchando. Puedo compartir eso.

La prima de Sammy viene a casa esta tarde para ayudarme a crear una presentación de PowerPoint para la conferencia. Ella es quien está ayudando al rabino con los medios y la comunicación para ese día.

El tiempo pasa volando y de repente es el 1 de octubre de 2014, el día de la conferencia. Mi suegra, Tita, está sentada en la mesa con nosotros.

—¿Crees que habrá mucha gente? —le pregunto.

—Bueno, creo que unos 400 más o menos. Sabes que este rabino despierta el interés de mucha gente, así que estoy segura de que será algo grande.

Puedo sentir mi corazón hundirse hasta el fondo de mi estómago.

D—s mío ¿Cuatrocientas personas? ¿Cómo voy a hacer esto? Pensé que iba a ser bastante difícil con diez, ¿ahora resulta que son cientos? Pero tenemos un plan, ya habíamos hablado con el rabino. Nos va a pedir a Sammy y a mí que subamos juntos al escenario y lo dejemos hacer su trabajo, mientras nosotros nos sentamos a su lado.

D—s, por favor ayúdame a hacer lo mejor que pueda para que podamos lograr el propósito del Rabino, te lo ruego.

Llegamos a la sinagoga puntualmente a las ocho de la noche. Mientras paso por la entrada pienso, *no puedo creer cuántas personas están aquí para escuchar la conferencia.* Parece que hay filas y filas de personas en un enorme lobby. Hay tres pantallas diferentes para que las personas vean la conferencia desde afuera si es que no logran entrar dentro de la sinagoga, que ya está repleta de gente. Eso significa que todos los asientos están llenos, me doy cuenta. Un momento, ¡eso quiere decir al menos 2,000 asientos! Empiezo a sentirme ansiosa, mi corazón late con fuerza, mi boca se seca, y mi pulso se acelera, va a la velocidad de un caballo de carreras. Cuando me doy la vuelta para ver cómo está Sammy, veo que él está igual de nervioso.

Me lleva en la silla de ruedas y esperamos con atención hasta que llegue la hora de subir al escenario. El rabino Anidjar sube al escenario, marcando la pauta para lo que está por venir. Nos recuerda que debemos estar agradecidos por cada experiencia que D—s nos presenta, incluso las pruebas difíciles que nos envía, aun cuando no entendemos o no nos gusta lo que está sucediendo.

—Dar gracias desde el fondo de su corazón, eso es lo que hizo esta pareja.

—Y luego agrega—: Cuando le conté la historia a mi esposa, ella dijo: ¡Esta pareja no es humana! Son ángeles, así que aquí les presento a Sammy y a Ronit.

Cuando nos toca subir al escenario, personas cercanas a nosotros ayudan a Sammy con mi silla de ruedas. Nos colocan en el escenario, a un lado del rabino. Yo estoy en medio de ellos. Empiezo a contar un poco de quién soy, mis antecedentes y de mi familia. Sammy comienza con la historia de cuando me enfermé, pronto estoy describiendo cuando estaba dormida y escuchando a Sammy cantarme, cuando mi madre rezaba a mi lado, hablo de esos momentos aparentemente pequeños que significaron mucho, que me encontraba presente, a pesar de estar en coma. Era como si mi alma estuviera escuchando, les cuento. Recuerdo sentirme agradecida de que estuviéramos todos juntos.

Después de lo que parece una eternidad, estamos bajando del escenario. Muchas personas que conocemos están en la audiencia, incluida toda la familia de Sammy, así como los miembros de mi familia, algunos cercanos y otros lejanos. Al salir, recibimos abrazos de una infinidad de personas.

Todos dicen que me fue muy bien, recibo innumerables elogios y palabras de aliento que llegan a mis oídos, pero, a decir verdad, no puedo conciliar lo que acaba de pasar. Ni siquiera recuerdo claramente lo que dije. Todo lo que sé es que mantuve mis ojos enfocados en mis hijos, que estaban sentados en primera fila.

Me sorprendí a mí misma ese día, recuerdo que una vez leí en un libro algo que se me quedo grabado. "Sólo necesitas una persona que crea en ti, incluso si esa persona eres tú misma".

CAPÍTULO 10
Desahogo

*Cambia tus expectativas por apreciación
y el mundo cambiará alrededor de ti*

Tony Robbins

Nos vamos a Filadelfia a ver a un doctor especialista en prótesis. Aunque viajamos por motivos médicos, puedo ver que Sammy está emocionado con la esperanza de que todo salga bien.

—Tan pronto te pongamos en movimiento, será muy diferente para ti —me dice—. Por eso este viaje es tan importante.

Estoy un poco confundida acerca de cómo me siento, este paso es el que sigue, he estado trabajando muy duro para este preciso momento, pero al mismo tiempo siento que no estoy lista.

Primero, he estado viviendo fuera del hospital durante un mes, pero todavía estoy en contacto con los doctores. Si pasa algo, puedo estar en el hospital en unos minutos. Ahora vamos hasta Filadelfia, a miles de kilómetros de distancia. ¿Qué pasará si tengo una urgencia médica? Segundo, no sé cómo haremos Sammy y yo. No puedo hacer nada por mí misma, nada en absoluto. Estoy en silla de ruedas y me tiene que cargar para sentarme, pararme, ir de silla en silla, ir a la cama, ir al baño, todo. Incluso tiene que darme de comer en la boca. Sin embargo, sé que lo tengo que hacer, aunque sea duro y aunque duela.

No hay un vuelo directo a Filadelfia, así que primero tenemos que hacer una parada en algún lugar. Le pido a Sammy pasar por Houston, así podemos visitar a mi amiga Alice, que tiene cáncer. Está mejor, pero ha estado luchando contra la enfermedad todo este tiempo. Quisiera poder estar con ella, apoyarla más... Me dijeron que está fuera de la etapa más peligrosa, y que puede verme. Quiero abrazarla y decirle cuánto la quiero, y que aunque he estado dormida durante la mayor parte de su batalla, quiero que sepa que estoy para ella.

Si esta experiencia me ha enseñado algo, es que es importante estar ahí el uno para el otro. Hemos cambiado físicamente, pero seguimos peleando nuestras propias batallas.

Llegamos al aeropuerto y estamos esperando en la puerta para abordar el avión a Houston, me dicen que tengo que dejar mi silla de ruedas ahí, que tienen otra que usarán para subirme al avión. esa silla está diseñada para pasar entre los pasillos del avión. Es muy estrecha y extremadamente incómoda. Cuando me levantan para trasladarme, siento las miradas de la gente, me siento avergonzada, es como si estuviera en exhibición. Pueden ver que mi cuerpo es un desastre. Sin pie izquierdo, sin mano derecha, otro pie cubierto de vendajes y mi mano izquierda apenas visible bajo capas y capas de gasas. Básicamente, donde sea que miren, hay algo mal conmigo. Sammy está tratando de hacer lo que puede para que sea lo más fácil para mí, pero esto es nuevo para los dos. Ambos estamos tratando de averiguar cómo hacerlo. Cuando finalmente llego a mi asiento, me siento mejor, más segura. Sammy me ayuda a abrir unas papas fritas para comer durante el vuelo, pero me resulta incómodo hacerlo frente a la gente, prefiero no comer a menos que sea necesario.

Cierro los ojos y espero que este día de viaje pase rápido.

Cuando finalmente llegamos al hotel en Filadelfia, Sammy me carga. Es tan raro que alguien te lleve a todas partes. Estaba acostumbrada a hacer todo sola, caminar y moverme, sin detenerme a pensar ni un segundo si lo podía hacer.

Me coloca suavemente en la silla de ruedas, me siento pequeña y extremadamente vulnerable. Cuando entré al hospital pesaba 132 libras y ahora no debo pasar más de 95.

Nos dan nuestra habitación, me siento rara, es como si estuviera un poco perdida. Sammy me ayuda a bañarme, hay un asiento especial para mí, me ayuda a transferirme de la silla de ruedas y con cuidado me ayuda a lavarme y a peinarme.

Me siento triste que tenga que hacer todo esto, ha estado tratando de desenredarme el cabello por 45 minutos, es ridículo que algo tan simple, algo que solía hacer sin siquiera pensar, sea tan desafiante. Vestirme, ponerme los zapatos, encontrar un estilo de ropa que se adapte a mi nuevo cuerpo y a sus nuevas necesidades, cepillarme los dientes, o hacerme una simple cola de caballo. Cada tarea es un reto. Nunca en toda mi vida me había detenido a pensar en estas cosas. Ahora no dejo de pensar en ellas, en cuál será el próximo obstáculo.

Después de bañarme y meterme a la cama, mi cabeza cae sobre la almohada y me doy cuenta de lo exhausta que estoy. Sammy pide algo de comer y nos acostamos temprano.
Mañana es un día importante, tenemos cita en el consultorio médico.

Nos metemos en el carro y arrancamos, después de 45 minutos, mi mente empieza a dar vueltas, tengo muchos pensamientos, ideas y preguntas.
—¿Alguna vez sabré la razón por la que sucedió todo esto? —le pregunto a Sammy—. ¿Qué piensas que necesito cambiar o hacer diferente? ¿Será una oportunidad que me dio la vida para que vengan cosas mejores? Me gustaría pensar eso.
—Las cosas pasan por una razón. Todas las cosas. Incluso las más feas…
—responde— Sé que todo pasa por algo, pero no tengo idea de qué tenemos que ver con esto. A veces simplemente no hay una razón obvia, al menos una que podamos ver, sin importar cuánto la busquemos. Dicen que D—s sólo te arroja aquello con lo que puedes lidiar.

Llegamos al consultorio, que se encuentra en el hospital. Sammy me ayuda a salir del carro, él también está ansioso, honestamente, no sabemos qué esperar.
Entramos y nos muestran donde sentarnos. Es una habitación grande con pasamanos largos a los lados, para ayudar a los pacientes a mantener el equilibrio cuando están aprendiendo a caminar. Hay muchas cosas raras en el lugar, reconozco aproximadamente la mitad, las demás son un completo misterio.
Después de veinte minutos de espera, nos llevan al consultorio privado del doctor. Empezamos a hablar y le contamos nuestra historia desde que me enfermé por primera vez hasta hoy.
Examina mis extremidades, luego se sienta y dice:
—Está bien, para tú situación hay diferentes opciones, como pueden ver, yo perdí una mano hace muchos años y después de probar varias alternativas, opté por usar este gancho que ven aquí.
Levanta su gancho para que lo examine, ya me había dicho un médico en México que el doctor había perdido una mano hacía muchos años, y por eso se especializó en prótesis.
—Puedo hacer muchas cosas con mi gancho —nos dice el doctor—, como jalar cosas pesadas y agarrar un tenedor para comer. Básicamente, me siento bastante cómodo usándolo.
Sabe de lo que habla porque ha recorrido su propio camino, pienso, pero lo hace parecer tan simple…

Me sentiría terriblemente avergonzada, la gente me miraría aún más si tuviera un gancho en lugar de una mano. ¡Ronit, la capitana Garfio de Panamá! Además, sería muy incómodo. ¿Y si golpeo a alguien? Probablemente rompería mi teléfono con eso. ¿Cuántas pantallas tendría que romper antes de aprender a manejarlo?

—Algunas personas prefieren otra cosa, como una mano mioeléctrica, Funciona con sensores nerviosos que están conectados a su brazo. O una mano estética, lo que significa que no se mueve. Es solo por estética. Cada persona es diferente. Es una elección personal.

Sí, muy personal, acepto pensativa.

—Ahora, sobre tu pie derecho, necesito descubrirlo y echar un vistazo. ¿Está bien?

Asiento con la cabeza.

—¿Puedes transferirte a esta mesa?

Sammy me ayuda a moverme.

El doctor me destapa el pie y dice:

—Este pie todavía está abierto en la parte de atrás, cerca del talón, tendremos que esperar hasta que sane para hacerle algo.

—Ahora, déjame ver tu mano izquierda. ¿Por qué está cubierta?

—Los médicos están esperando a que los dedos se curen para que pueda ganar la mayor longitud posible —responde Sammy—. En realidad, esa es la parte que más le duele en este momento.

—Entiendo —dice el doctor—. Ese proceso suele ser doloroso, puedes regresar a tu silla. —Luego se gira para preguntar—. ¿Puedes subirte el pantalón para que pueda ver tu extremidad izquierda?

Hago lo que me indica, Sammy me ayuda de nuevo.

—Aquí es donde usarás una pierna prostética. Déjame mostrarte cómo se vería.

Alcanza una muestra de una prótesis y la coloca frente a mí, sólo la miro. No abro la boca.

Admito que jamás había visto algo tan horrible en toda mi vida. No puedo creer que voy a tener que usar algo así.

Y, ¿qué esperaba? Pues no tengo ni idea, pero debía ser algo diferente. Todo este tiempo supe que me iba a poner una pierna prostética, pero en ningún momento me detuve a pensar en cómo iba a ser, cómo se veía. Cada minuto de mi vida durante los últimos cinco meses han sido un desafío enorme, y he tenido una gran cantidad de pensamientos. Nunca tuve la oportunidad de pensar en el futuro, en esta etapa importante y necesaria. Ahora que llegó el momento, me siento completamente abrumada.

Trato de tomar en cuenta que esto es nuevo para mí. Pienso, *Ronit, mantén una actitud positiva.* Debo tener una mente abierta, si lo pienso demasiado, simplemente me iré. Tal vez no estoy preparada para esto, pero no puedo decepcionar a Sammy, y seguramente, él sabría si yo no estoy lista para lo que sigue.

No puedo saber si el doctor lo lee en mi cara, pero el hecho de que tendré que usar esta pierna de plástico envuelta en piezas de metal y plástico, como si fuera algo que un niño de seis años pudiera construir, no es lo que tenía en mente.

—Sé que esto es mucho para asimilar —dice el doctor—. Haremos algunos ajustes y molduras ahora mismo. Así mañana podemos empezar a trabajarlos. Sigo mirando la pierna, pero no digo nada.

—Trabajaremos juntos dos semanas —indica—. Irás al gimnasio todos los días para hacer dos horas de fisioterapia con un fisioterapeuta del centro de rehabilitación. También tendrás que hacer terapia ocupacional. Esto te ayudará a aprender cómo moverte y usar tu mano para hacer las cosas necesarias. Así ganas algo de independencia. Entiendo que has estado haciendo terapia en México, ¿verdad?

—Sí.

—Ha estado haciendo mucha terapia —dice Sammy—. Unas cinco o seis horas al día. Su cuerpo se está fortaleciendo.

—Perfecto. Eso te ayudará mucho durante este proceso —responde el doctor—. ¿Cómo te sientes acerca del gancho para la mano? ¿Estás dispuesta a intentarlo?

Él espera una respuesta, pero yo sólo parpadeo.

—Piénsalo, podemos probarlo mañana.

Salimos del hospital, y no sé qué pensar, ya soy experta en compartimentar mis sentimientos, ya que ha sido la única forma de sobrevivir. Para ser honesta, fue una cita muy difícil, siento que de alguna manera todo se hizo más real. No es que no supiera que tendría que usar una pierna y una mano prostética, antes de esta cita estaba en modo supervivencia, iba día a día, pero hoy tengo que tomar decisiones para el futuro. ¿Cómo sabré qué mano quiero? Estoy abrumada por la situación.

—¿Quieres ir a algún lado? —pregunta Sammy—. ¿A un centro comercial? Tenemos que comprar algunas cosas.

Sinceramente, quiero llegar al hotel y descansar mi cerebro, pero necesito ser fuerte. Necesito mostrarle que estoy bien, o al menos que lo estaré. Él sabe exactamente lo que estoy sintiendo, porque nuestro dolor es compartido.

Finalmente, después de un día eterno regresamos al hotel. Quiero bañarme e ir directo a la cama. Sammy me ayuda, está siendo muy gentil, me trata como si fuera su único propósito en la vida. Me acuesta en la cama, y se acomoda a mi lado, es la primera vez que estamos solos desde que esto empezó.

—Esto es demasiado —le digo mientras me volteo para mirarlo—. Nunca pensé que tendría que pasar por algo así.

—Lo sé —me responde—. ¿Recuerdas que te dije, cuando estábamos en el hospital, que íbamos a tener que lidiar con cosas muy difíciles? ¿Que algunas de estas cosas iban a ser tan difíciles que serían dolorosas?

Asiento y empiezo a llorar.

Se acerca aún más, y dice:

—Vamos a hacerlo juntos, vas a estar bien. Eres fuerte y estoy seguro de que superarás cada situación. Estoy tan orgulloso de ti…

Sigo llorando, y llorando… entre lágrimas, finalmente le digo:

—Me siento tan triste de que tengas que vivir tu vida con alguien como yo, me siento físicamente incompleta. Me siento horrible, veo cómo la gente me mira. Me siento culpable por hacerte pasar por tantas dificultades, por ponerte en esta situación y que hayas tenido que tomar decisiones tan fuertes y devastadoras, que sé que nunca imaginaste que tendrías que tomar.

Es un gran problema para mí decir todo esto en voz alta, es la primera vez que expreso mi dolor, que lo comparto con Sammy. En realidad es un atisbo del dolor que cargo, pero es la primera vez que lo dejo salir.

El dolor simplemente brota de mí, llenando de lágrimas cada rincón y caen sobre las sábanas, llenando el espacio que hay entre nosotros.

—Por favor, no me pidas perdón, esto no es tu culpa —susurra Sammy—. Estoy tratando de entender cómo te sientes, pero déjame mostrarte cómo te veo, a través de mis ojos.

Tomo un breve respiro y espero.

—Sé que tu cuerpo es diferente, pero eso no es lo que eres. Dame la oportunidad de demostrarte lo mucho que significas para mí, significas mucho más de lo que eras antes. Déjame demostrarte cuánto te quiero, lo feliz y agradecido que estoy de poder estar contigo. Mira, todavía aspiro a muchas cosas para nosotros. El camino será muy largo, —admite—, pero no hay nada que haga en mi vida que me enorgullezca más que ser tu esposo, y eso es lo que tienes que recordar, siempre.

Me sonríe con más alegría de la que sabía que era capaz de sentir. Intento devolverle la sonrisa. Escucharlo me llena de gratitud, una gratitud que no conocía. Estoy muy agradecida por él.

Nunca imaginé que mi alma pudiera estar tan conectada con la suya, es casi como si se estuvieran abrazando. Todas sus palabras y amor con el que me ve, es lo más hermoso que he presenciado. Me sonríe y veo emociones encontradas: veo la alegría y la tristeza coexistiendo, sin reñidas entre sí. No sabía que la sonrisa de alguien pudiera reflejar esos dos sentimientos aparentemente opuestos.

Toma mi cara con ambas manos y me besa, no nos hemos besado en mucho tiempo, pequeños besos que dicen más que lo que dicen las palabras.

Este momento de profundidad, de angustia y de amor está lleno de dolor y de pena. Mi corazón está colmado de gratitud por tenerlo como esposo, incluso por el dolor que sentimos en este momento, porque nos ha traído aquí, a este preciso momento. Es un sentimiento que va más allá de las palabras, que nos está conectando de una manera tan profunda, que sólo él y yo entendemos, me hace sentir amada. Acabamos de entrelazarnos completamente el uno al otro, corazón y alma.

Después de un momento, decido compartir más.

—Tengo miedo, ¿y si no puedo hacerlo? Quiero compartir mi vida contigo y con nuestros hijos, pero no quiero ser una carga para ustedes, especialmente para ti. No sabía que tendría que enfrentar algo tan horrible, que no volveré a ser la misma persona.

—A veces, parte del viaje de curación implica desmoronarse —dice Sammy—. Eso no te hace débil. Entonces, derrúmbate esta noche, llora todo lo que quieras, sácalo todo. Y estoy seguro de que mañana serás más fuerte. No te hace débil pedir ayuda, eso en realidad es lo que te hace ser fuerte. Yo siempre haré lo posible para estar aquí a tu lado, en cada paso del camino. Todavía tenemos un largo viaje por recorrer, pero creo en nosotros y sé que encontraremos nuestro final feliz.

Este podría ser el momento exacto en que me enamoré nuevamente de Sammy, él me complementa, me hace recordar quién soy. Nunca pensé que podría haber una conexión tan profunda entre dos personas. Convertir el dolor en fe, me hace querer ser más para él, para los que han sufrido conmigo. Sigo llorando, pero esta vez lloro porque me siento unida por algo más fuerte que la sangre, la amistad o la paternidad. Somos almas gemelas. Estas lágrimas me están reconstruyendo.

El consuelo viene al saber que alguien te entiende en un nivel más profundo, uno que va más allá de las palabras. No hay nada como confiar completamente en otra persona. Él me entiende, él ve mis inseguridades y no sólo las acepta, sino que las atesora.

Me permito sentir estas profundas emociones. Ahora sé lo que realmente significa el dolor y la pena. Ahora puedo reconocerlos y etiquetarlos, los he experimentado íntimamente, y necesito despegarme de ellos por un momento, para intentar aprender a transformarlos en crecimiento.
Básicamente tengo dos opciones: elegir centrarme en lo que tengo o en lo que no tengo. Puedo dejar que esto me destruya, o aprender a vivir una vida feliz.
En este momento dejaré de llorar, me digo. *Será un camino muy difícil el que tengo por delante, pero ni una lágrima más. Tengo a la mejor persona del mundo a mi lado y si él ha dedicado su vida a cuidarme, yo también lo haré. Haré lo mejor que pueda con mi vida sin importar lo que siga.*

Quiero que él, mis hijos y mi familia estén orgullosos de mí. Entonces, a partir de este segundo, no voy a mirar hacia atrás, comenzaré mi nueva vida aquí mismo, en este mismo momento, y sólo miraré hacia atrás para ver lo lejos que he llegado.

A la mañana siguiente, siento como si una abrumadora sensación de paz me invadiera. Aunque debemos de estar una semana más en este lugar antes de ir a ver a los niños y a mi familia en Nueva York para después, una vez más volver a Filadelfia. No estoy motivada pero sé que tengo que hacerlo, tengo que intentar. No sé si es porque este no es el lugar adecuado para mí o si siempre será así. La verdad es que no sabemos nada sobre cómo funciona esto, así que, por ahora, tengo que seguir haciendo lo que me dicen. Lo bueno es que me siento mucho más tranquila que la semana pasada. Me prometí a mí misma que iba a intentarlo, y supongo que tendré que hacerlo de la mejor forma posible.

CAPÍTULO 11
Sin alternativas

No sabes lo fuerte que eres hasta que
ser fuerte es la única opción que te queda
Bob Marley

Ronit,

Estamos muy emocionados por ir a Nueva York a verlos a Sammy y a ti, y ver cómo va el asunto de la prótesis.

Viajaré de México a NYC con Jacky, Joseph y Raquel, están emocionados por verte, ya no quieren estar sin ti.

Va a ser difícil para ti, es la primera vez que estaremos contigo, sin tener a los doctores y los hospitales cerca, y será diferente de la rutina que tus hijos tienen en México.

Estamos muy emocionados por acompañarte en este gran paso de tu nueva vida. Carla

Otro día de probarme la pierna prostética, honestamente, esto es demasiado, ha pasado una semana y no me siento mejor. Es tan irritante. Hoy otra vez me probaron la pierna prostética y caminé un poco, pero me duele demasiado.
—Algo está mal, no puede ser tan difícil, porque llegué en buenas condiciones físicas. Me preparé especialmente para este momento, los doctores dijeron que estaba lista.
Trato de recordarme que es un proceso y que pronto podré usarla, sin embargo, el momento más feliz del día es cuando me la quito. Al usarlas debería sentir que me liberan, en cambio siento que me atan. Debería estar moviéndome y caminando al menos un poco mejor de lo que lo estoy haciendo.
¿Se supone que debe ser tan doloroso?
Me duele por todas partes, la mano izquierda está tan adolorida, que incluso al menor roce, el dolor se dispara de uno a diez en la escala de dolor, cada vez que

tengo que agarrar algo, que es muy seguido y más cuando estoy tratando de aprender a caminar de nuevo, es insoportable el dolor, pero sigo adelante, alcanzo el bastón, intento dar un paso y trato de ignorar el dolor.

Luego está el dolor en las piernas, el hueso de mi pierna sigue rozando la prostética. Está palpitando tanto que se siente como si tuviera su propio corazón. La presión sigue aumentando porque necesito mantener la prótesis puesta el mayor tiempo posible. Cada vez que apoyo la pierna en el suelo para dar un paso adelante, siento un dolor agudo que sale disparado de la rodilla. Dicen que cada día podré soportarlo un poco más, que mi cuerpo aprenderá a tolerarlo poco a poco, pero sinceramente, no veo la hora de quitarme la prótesis. Es una batalla constante, porque en mi mente pienso que quiero intentarlo, pero mi cuerpo rechaza el dolor, cuando finalmente puedo quitármela, siento como si mi pierna estuviera ardiendo de adentro hacia afuera.

Me preparé para estos días desafiantes lo mejor que pude, tanto mental como físicamente. Trato de comer lo más sano posible, pero todavía estoy muy delgada y con innumerables medicamentos, por lo que mi cuerpo no está listo para funcionar como debería.

Los terapeutas me preguntan si tengo algún dolor mientras intento caminar.

¿No puedes ver la agonía escrita en mi rostro?

Aunque siento que estoy siendo torturada, hago lo posible para no quejarme. Me hacen caminar de arriba a abajo por largos pasillo, de ida y vuelta, de ida y vuelta. Un pie y luego el otro, trato de no mirar lo largo del pasillo, únicamente me fijo en dónde voy a pisar, dar un solo paso parece imposible, sin embargo, lo hago, doy un paso, veo que mi pie protésico se levanta y luego toca el suelo, tomo un respiro, levanto el pie y empiezo de nuevo, la parte inferior de mi prótesis golpea la alfombra y doy otro paso.

¿Y qué hace Sammy? Él está allí todo el tiempo, animándome desde el costado, se siente como si fuera mi animador personal.

—¿Crees que estoy mejor? —pregunto. *De verdad quiero que esto funcione.*

—Sí —dice—. Te ves mejor.

Puedo ver en su rostro que sabe que siento mucho dolor, quiero pedirle su opinión, y tan pronto como empiezo, las preguntas empiezan a fluir.

—¿Es demasiado pronto para intentar usar una prótesis? ¿Crees que es tan doloroso porque la cirugía fue reciente? ¿Se supone que debe ser así? No tengo ni idea.

Sólo espero que sea más fácil. ¿Es cierto lo que dicen? ¿Que nuestras luchas determinan nuestros éxitos?

Tener manos es algo que damos por sentado, lo normal sería darlo por hecho, me encantaría recuperarlas. No me gustó el brazo protésico con el gancho, no me gustaba cómo se veía ni cómo me hacía sentir, parecía el Capitán Garfio de Peter Pan, y eso es un no, para mí. Así que tengo que averiguar qué hacer con las opciones de manos que me dan, estoy desesperada por ser más independiente.

Dicen que es un proceso, hay diferentes opciones disponibles, pero en mi caso, debido a que tengo que esperar a que la mano izquierda sane para avanzar, no hay mucho que pueda hacer. Ojalá pudiera tener al menos mi mano derecha.

Lo que más odio es cuando tengo que comer, que alguien me de comer en la boca como si fuera un bebé, realmente me hace sentir horrible, y ni pensemos en mis necesidades…, el baño se ha convertido en un campo de batalla emocional. Es la peor parte, tener que depender de la gente para cosas tan básicas. Lo único que me queda por hacer es seguir aguantando este martirio, el dolor, y la vergüenza. Doy un paso a la vez hasta que puedo crear fortaleza alrededor de mis emociones. Espero que algún día la fortaleza pueda camuflarme a mí y a mis verdaderos sentimientos tan bien, que nadie pueda leerme. He estado viviendo todos mis días con dolor. Me siento tan vulnerable, y sin embargo, nadie puede ver mi verdadero yo.

Después de terminar en el consultorio del médico, vamos al centro comercial y veo cómo la gente me mira, veo lástima en sus ojos, siento las miradas incómodas y curiosas. Puedo escuchar los susurros que la gente trata de esconder detrás de las manos, las explicaciones que le da a la persona que está a su lado. ¿Alguna vez aprenderé a vivir con este sentimiento?, me siento como si estuviera en exhibición en un zoológico La gente finge no mirar, pero no apartan los ojos. La mayor parte del tiempo sus miradas van de arriba hacia abajo, recorriendo mi cuerpo. Otras veces simplemente me miran como si trataran de averiguar qué es lo que me pasa, es como si tuviera tres piernas. Me doy cuenta de que las reacciones de las personas tienen más que ver con ellas mismas que conmigo.

Es ahora cuando entiendo la importancia de las miradas, que tienen el poder de lastimar, pero también de sanar.

De pronto veo a una mamá con sus hijos cruzando la calle cargando bolsas. Un pensamiento viene a mi mente. ¿Algún día mi vida volverá a ser así? Esta mujer camina normalmente, como si nada en su vida fuera difícil, no tiene ninguna preocupación, sin crisis, nada le impide cruzar la calle ni moverse ágilmente.

Normalmente pasamos mucho tiempo deseando que nuestras vidas fueran diferentes. Nos comparamos con los demás, incluso estoy pensando en cuánto me encantaría hacer cosas tan simples como cruzar la calle sin esfuerzo.

Quiero gritarle a esa mujer: ¡SÉ AGRADECIDA POR LO QUE TIENES!
Ahora reconozco profundamente la bendición de caminar de forma independiente, cuidar a tus hijos y tomarlos de la mano para cruzar la calle, darme cuenta de lo afortunada que es la gente por hacer cosas normales, cosas pequeñas, cosas cotidianas como caminar, comer, vestirse, peinarse a sí mismo o incluso a su bebé, atarse los zapatos... Estas cosas adquieren un significado diferente cuando ya no puedes hacerlo.

Es fácil hacer juicios rápidos sobre alguien, lo hacemos de forma tan innata que a veces ni nos damos cuenta, pero realmente creo que lo que vemos, lo que la persona muestra al mundo es una pequeña parte de sí mismo. Nunca sabemos por lo que alguien está pasando: los desafíos, el dolor y las cicatrices que enfrenta.

La curación no sigue una línea recta; toma rutas desordenadas, avanza y retrocede, a veces simultáneamente, y casi siempre se desvía hacia un lado, es impredecible y no se puede prever. Yo creo que uno es capaz de sanar tanto en los días oscuros como en los días brillantes, aunque entiendo que no siempre podamos ver el arcoíris.

Después de una semana en Filadelfia, por fin nos encontramos con los niños en Nueva York. Mi hermana Carla viajó con ellos desde México, mi papá también vino, estoy muy emocionada por estar con ellos fuera de la rutina que tenemos en México, creo que lo necesitan tanto como yo. Han sido meses muy difíciles para nosotros.

Nos reunimos en el hotel, estoy súper agradecida por el apoyo de todos, conseguimos una suite donde cabemos los cinco, los niños están emocionados por estar aquí, quieren ir a todas partes, espero poder hacerlo, puedo ir a lugares con la silla de ruedas, pero... bajo la mirada hacia mis piernas. ¿Así será realmente mi vida? ¿Seré realmente capaz de llevar una vida "relativamente" normal? ¿Podré volver a ser madre y esposa?

Espero que podamos ir a algunos lugares y distraerlos. Me pregunto si es mejor olvidarme de los aparatos de los que ahora dependo y quedarme en mi silla de ruedas el resto de mi vida...

Hoy será un día en el que me enfrentaré a muchos desafíos. Logro vestirme con lo que creo que es la mejor opción. Tengo sentimientos encontrados. Estoy feliz de estar con mis hijos, pero al mismo tiempo nerviosa por vivir lo que podría llamarse un día normal, normal para cualquiera menos para mí.

Tomamos un Uber y vamos al restaurante donde nos encontramos con el resto de mi familia. Sammy me ayuda a salir del carro y mis hijos esperan a un lado muy pacientes, aunque sé que quisieran salir corriendo por la emoción, felices por estar aquí con nosotros.

Cuando entramos al restaurante, me doy cuenta de que nunca me había sentido tan tímida en mi vida, apenas entramos, noto que la gente voltea a verme, tratando de entender qué es lo que tengo, puedo sentir sus ojos sobre mí, hasta mi familia se siente incómoda, no es que seas famoso y te miren por eso, todo lo contrario. Nadie me está pidiendo un autógrafo, quizá con el tiempo me a acostumbraré. Algún día, tal vez, ni siquiera me daré cuenta cuando la gente me vea. ¡Eso sería increíble!

No hablamos entre nosotros mientras buscamos la mesa, estamos bajo la mirada de todos, concentro mi atención en avanzar.

Yo puedo hacerlo, me sentaré a desayunar con mi familia y pasaremos juntos un lindo día.

Mi familia sabe cómo me siento y trata de aligerar la situación, esto es nuevo incluso para ellos, quieren protegerme a mí y a mis sentimientos. Me están apoyando en lo que pueden. Me preguntan cómo me siento y yo trato de sonreír, pero la verdad es que, aunque estoy muy feliz de estar con ellos, esto es demasiado para mí.

Veo cómo me mira la gente, no de mala manera, no como si estuvieran disgustados, pero siento las miradas, incluso si apartan la mirada lo más rápido que pueden, me doy cuenta de que me están viendo. Están tratando de ver qué me pasa o qué tengo mal. Es como si no quisieran mirarme a los ojos, no me miran directamente a la cara, y sólo miran mi cuerpo, inspeccionando, tratando de descubrir la razón de lo que están viendo, para ver lo que tengo diferente a ellos.

Sabía que esto iba a suceder, pero es tan diferente estar fuera de nuestro apartamento…, en el mundo real todo es más fuerte.

Después de un desayuno que parece durar una vida, nos dirigimos a Central Park. Mi hija Raquel quiere subirse a un carruaje con caballos, yo lo único que veo es otro desafío. Ni siquiera sé cómo voy a subir las escaleras para entrar al carruaje, pero lo intentaré por ellos.

Voy a apreciar el hecho que puedo abrazar a mis hijos y reírme con Sammy, que puedo viajar en un carruaje con caballos, con mi familia, que estoy viva, que puedo respirar.

Sammy le pregunta al hombre que guía el carruaje:

—Disculpe, ¿sabe dónde podemos dejar la silla de ruedas mientras vamos al paseo?

—No hay ningún lugar, y tampoco la puedo llevar, así que pregunte allá en ese pequeño carrito donde venden *hot dogs*, pregúntele al señor si puede dejarla allí con ellos —responde el señor.

Mi impresión es que la ciudad de Nueva York es muy difícil para las personas discapacitadas, la gente es muy agresiva y no ayuda en absoluto.

Nadie se ha dado cuenta de cómo me siento, y no puedo decir si es algo bueno o malo. Siento que soy experta escondiendo mis sentimientos, pero sinceramente, en este momento, me siento terrible. Soy vulnerable, me quedo esperando con mis hijos a lado del conductor del carruaje, que finalmente es un extraño, hasta que regresa Sammy. Cuando tienes una discapacidad, tu silla de ruedas no es sólo donde te sientas, esta se convierte en parte de ti, y dejarla con un vendedor de *hot dogs*, bueno, se siente un poco arriesgado.

Sammy camina rápidamente hacia el puesto, y cuando regresa me dice:

—Te voy a ayudar a entrar, luego me llevo la silla allá muy rápido y regreso, ¿de acuerdo? Me vas a esperar aquí con los niños.

Me siento asustada, es la primera vez que estoy sola con los niños, y no sólo eso, sino que estamos en medio de la calle y soy responsable de tres niños chiquitos, mientras no puedo hacer NADA para cuidarlos.

¿Qué puedo hacer si pasa algo? Necesitaría ayuda para los que sea que necesite hacer.

Sólo pienso que tengo que hacerlo por ellos. A veces hacemos cosas por las personas que amamos, aunque no elegiríamos hacer esas cosas por nosotros mismos.

Ahora me doy cuenta de cuánto valor se necesita para crear momentos felices, cuando hacerlo parece casi imposible.

Comienza el paseo en carruaje, es hermoso lo que nos rodea, siempre me ha parecido impresionante Nueva York. Es increíble encontrar un lugar como Central Park en medio de una de las ciudades más concurridas del mundo, me siento abrumada por mi situación física, pero aun así es muy lindo estar aquí, rodeada de árboles, áreas verdes, y caminos con gente corriendo. Es otoño, por lo que las hojas de los árboles tienen tonos amarillos, naranjas y rojos, alrededor del parque. Si no fuera por Raquel y su insistencia por dar un paseo en carruaje, no estaría viendo este hermoso lugar. Los niños están emocionados, es una buena oportunidad para pasar tiempo en familia, nosotros cinco, juntos de nuevo.

Mientras estoy sentada, siento un dolor en la pierna izquierda. Es un dolor agudo que llega rápidamente, no sé qué hacer para que se detenga. Quiero quitarme la pierna prostética, pero si lo hago, no podré bajarme del carruaje. Tengo que esperar hasta que esté de nuevo en mi silla de ruedas, trato de disimular el dolor.

Eventualmente le digo a Sammy, pero trato de no convertirlo en un problema, por el bien del momento. Estoy muy feliz de estar aquí con ellos, pero no creo estar lista. Todo requiere de demasiado esfuerzo, desde despertarme, vestirme, ir a desayunar donde la gente me mira fijamente en la entrada y salida de cada lugar. Es agotador.

No sé si alguna vez volveré a tener una vida normal.

Quiero que mi familia tenga una vida normal, no quiero que se detengan por mi culpa. Sigo poniendo una sonrisa para mis hijos, no quiero que piensen que no estoy feliz de estar aquí con ellos.

Por la tarde van a ver un partido de fútbol con mi papá y con Sammy, Raquel se queda con Carla y conmigo. La vamos a llevar a una tienda a comprar una muñeca que me ha pedido desde hace tiempo y mañana por la mañana vuelvo a Filadelfia para terminar el proceso de mi brazo y pierna prostética. Tengo un largo camino por delante, pero en este momento, aunque tengo mucho dolor y preferiría acostarme, estoy feliz por la oportunidad de estar con mi hija nuevamente, me llena de alegría verla tan feliz.

Han pasado dos semanas desde que regresamos de Filadelfia, todos los días me despierto, me visto y vamos en carro al consultorio del doctor, paso el día entero haciendo terapia física y ocupacional. Están probando enfoques diferentes para que sea más fácil, pero aún no puedo hacerlo bien.

Volamos de regreso a México y sigo yendo al hospital a diario para recibir terapia, hago dos horas por la mañana y dos por la tarde porque ahora tengo la prótesis. Me hacen caminar sobre diferentes tipos de pisos con pequeños baches aquí y allá, áreas irregulares para ayudarme a aprender a mantener el equilibrio. Al menos es diferente a la terapia que hacía antes, mañana voy a intentar subir unos escalones y una rampa, me anuncian, digo que está bien y hago lo que me piden, cada día es un nuevo día y cada día ofrece un nuevo desafío.

Por las tardes, la terapeuta me hace trabajar la parte superior y prepara los músculos para sostener el cuerpo, me dice que estamos probando una nueva técnica para aprender a reaccionar cuando nos caemos, ella dice que tengo que estar preparada, que nadie está exento a una caída.

Aparentemente, ahora incluso hasta para caerme tengo que estar preparada.

Después de algunas semanas le digo a Sammy que no creo que la pierna vaya a funcionar, sigue siendo muy doloroso y no siento que esté mejorando. Debemos de buscar otra opción.

A la semana siguiente vemos a otro doctor de prótesis que nos recomendaron en el hospital. Nos dijo que podría tener una pierna prostética lista en una semana, tengo que ir a ver lo que quiero, hay muchas opciones. Mañana me harán el molde, así que vamos a empezar de nuevo para encontrarme una pierna que me funcione mejor.

El doctor nos dice que no hay nada que pueda hacer por mi pie derecho, porque la herida sigue abierta. Me preocupa ese pie porque me hace sentir muy inestable. En lugar de ser plano en la parte inferior, es redondo, por lo que es extremadamente difícil ponerse un zapato, y cuando lo piso, se siente extraño y tambaleante. Tengo que ir al doctor todas las semanas para revisar la herida.

Me angustia, me queda claro que existe una tendencia a la preocupación, la mayor parte del tiempo nos preocupamos por cosas que no son tan importantes, pero esto, esto es importante. Es mi pie, dependo de él. ¿Cómo no voy a preocuparme?

Al final, estoy de acuerdo con lo que sea que suceda, estoy aprendiendo que a veces somos nosotros mismos los que creamos más preocupaciones. Siento que jugamos el juego de "Qué pasaría si…". ¿Y si el doctor me hubiera dado el antibiótico a tiempo? ¿Me hubiera salvado? ¿Hubiera vuelto a casa y hubiera podido vivir una vida normal? ¿Tendría mis dos pies apoyados en el suelo y sería fácil caminar?

Esas palabras: *y si hubiera, habría sido, podría haber* son las palabras más inútiles del mundo, no tiene sentido pensar así.

Debemos de aprender de nuestras experiencias, y aprender a no dejarnos agobiar por nuestra vida, siempre trato de ver las estrellas a pesar de las nubes que las ocultan, pero en este momento es un desafío. Quiero estar bien. Necesito recuperar mi antigua vida.

Tengo que ser paciente, me digo, pero me preocupa.

Hasta el día de hoy, ni una sola vez he tenido ganas de rendirme, rezo para que D—s siga mandándome la fuerza suficiente para seguir adelante. Un paso a la vez, tengo que sacar lo mejor de lo que tengo, sé con certeza que D—s actúa de maneras extrañas, puede que todavía no sepa la razón de todo esto, pero me gustaría pensar que Él está preparándome para que vengan cosas mejores.

Me gustaría poder decir algún día que esto valió la pena. Lo que sí sé es que soy responsable de lo que elijo hacer a partir de ahora.

Tal vez sí reconozco las cosas buenas, por más pequeñas que sean, se sumarán a algo tan grandioso que las partes duras y feas de mi vida serán menos dolorosas, no hay una varita mágica, el cambio ocurre lentamente, pero a veces se siente extremadamente lento.

Hace unos días, una amiga de mi mamá me preguntó si quisiera dar una plática motivacional a un grupo de niñas adolescentes, respondí que sí enseguida, aunque sentí nervios y no sabía qué iba a decir ni cómo lo iba a hacer.
Recordé lo que dijo el rabino: "Si no lo haces por ti mismo, hazlo por los demás".
No será como la otra conferencia que hice con él, eso fue diferente porque, a pesar de que había mucha gente, él llevó la conversación. Me guio durante toda la conferencia. Aquí tendré que hacerlo yo sola, no sé si voy a lograr mantener la atención de las niñas.
Hay alrededor de 30 niñas y 5 adultos en total esperándome, cuando llego, se sientan en una mesa larga, y yo tomo mi asiento frente a ellas, hay cuatro filas de sillas antes del borde de la mesa, ver fila tras fila de personas me pone más nerviosa.
Hablo durante unos 20 minutos, pero no logro que las niñas dejen de mirar sus teléfonos celulares, son jóvenes, tienen la edad de Jacky y Joseph más o menos, sé cuáles son las prioridades de los niños en estos días, pero estoy haciendo un gran esfuerzo, y me duele verlas tan distraídas, creo que nadie me escucha, así que dejo de hablar.
Me quedo cayada durante unos minutos, repasando mentalmente la experiencia que tengo ante mí, no siento que establecí la conexión que quería.
Supongo que todavía tengo mucho que aprender acerca de cómo hablar con la gente, estaba tratando de contarles mi historia.
Cuando el tiempo casi ha terminado, una niña levanta la mano y me pregunta:
—Si pudieras retroceder el tiempo y ser la persona que eras antes de que te pasara todo esto, ¿regresarías?
Mi mente se dirige instantáneamente a la persona que era antes, no sé por qué, pero esa pregunta nunca me vino a la mente durante estos meses. He estado fuera del hospital por un mes y nunca antes había pensado en eso. Todavía estoy en mi silla de ruedas y todavía no tengo la fuerza suficiente para hacer las cosas que quisiera hacer. Después de unos segundos miro a esa niña y le respondo tan sinceramente como puedo.
—¿Sabes qué? Nunca me he hecho esa pregunta… Sí, me encantaría volver a tener manos y pies, y aunque tengo un largo camino por recorrer, ahora puedo decirles que nunca cambiaría lo que soy hoy por lo que era antes.
Esa pregunta se queda dentro de mí, Me siento más fuerte, a pesar de que soy

físicamente más débil. La forma en la que veo mi vida es diferente ahora, la forma en la que valoro todo es diferente, incluso mi relación con D—s es diferente. Nunca querría cambiar la pasión con la que vivo mi vida en este momento. No puedo cambiar lo que me pasó, pero puedo decir con seguridad que gracias a lo que me pasó, soy una mejor versión de mí. Supongo que pensaré mucho en esto, pero hay una cosa de la que estoy segura; como consecuencia de lo que pasó, nació una nueva persona.

Y aunque todavía no sé quién es esa persona, estoy segura de que algún día la amaré.

Tenemos cita con un doctor de México, espero que sea mejor y más fácil que la experiencia que tuvimos en Filadelfia. Llegamos directamente a su oficina, cuando nos sentamos, me pregunta:

—¿Qué quieres? ¿Te gustaría tener piernas para ejercitarte o para el uso del día a día?

Me volteo para mirar a Sammy y respondo:

—Sólo quiero algo con lo que pueda caminar, algo que me permita empezar a hacer lo básico.

¿Cómo puede haber tantas opciones?, me pregunto.

Nos dice que volvamos en dos semanas, y al volver me pruebo la pierna nueva, se siente diferente a la que tenía antes, pero sigue siendo doloroso.

Comienzo a caminar alrededor de la pequeña oficina del doctor, sólo puedo dar tres o cuatro pasos y me dice que me vaya a casa.

Me giro para mirar a Sammy con incredulidad y le pregunto:

— ¿Cómo sabré si la prótesis es la correcta? ¿Cómo sabré que funciona si es tan doloroso?

—Haz algo de terapia con alguien que se especialice en prótesis, ellos podrán decírtelo, tendrás que trabajar duro, pero dale tiempo y deja que tu cuerpo se acostumbre.

Cuando nos vamos, le pregunto a Sammy:

—¿Es así como se supone que debe ser? Me refiero a que me acaba de dar la pierna prostética. ¿Qué pasa si no está bien? ¿Y si tienen que hacer algunos ajustes?

—No lo sé —responde. Así que, paso cinco horas al día tratando de hacer que funcione, tratando de hacer que se sienta mejor.

Cuando mi hermana Tali me llama, le explico que no soporto tener la prótesis puesta por largos períodos de tiempo, porque mi pierna está demasiado adolorida. Incluso al sentarme me duele. Tali me recuerda una conversación que tuvo con una amiga suya que es terapeuta, ella le había explicado que aunque esté sentada debería tratar de tenerla puesta todo el tiempo que pueda, así mi pierna se acostumbrará más rápido.

Esto es lo que pasa conmigo: cuando me propongo algo, nunca me detengo, intento hasta que logro llegar a mi meta, y esta no va a ser la excepción. Mis piernas, pies y manos nunca volverán, no en la forma de antes, lo he comenzado a aceptar. Puedo tomar el camino fácil y dejar de intentarlo, pero entonces, ¿qué tipo de vida tendría? Nunca he dejado de tratar y no quiero empezar ahora.

Todavía puedo estar tropezando con estos pasos, pero al menos estoy tropezando hacia adelante.

CAPÍTULO 12
El principio de una nueva vida

*Deja que tus esperanzas, y no tus
heridas, den forma a tu futuro*
Robert H. Schull

8 de febrero de 2015

Ronit,

Vas en camino de regreso a Panamá, te voy a extrañar muchísimo. ¡Me acostumbré a tenerte cerca en México! Estoy muy feliz de saber que estás lista para volver a Panamá y vivir tu vida.

Te he visto esforzarte con cada nuevo reto que has tenido, cada paso que has dado desde que te enfermaste, siempre estuviste dispuesta a trabajar para mejorar, nunca te negaste a hacer nada. Aun cuando fue difícil, tenías la energía para seguir. Siempre me sentí orgullosa de ti, aunque sabía que estabas sufriendo por dentro.

Al final ha sido un largo camino lleno de dolor, frustración, ira, y tristeza, pero ha valido la pena al ver cómo estás el día de hoy.

Te adoro,
Carla

Finalmente llegó el día en el que me puedo ir a casa. Estamos todos juntos, Sammy, los niños y yo, despidiéndonos de nuestras hermanas y sobrinos. Veo las caras de Jacky y Joseph y noto lo emocionados que están por regresar a Panamá, yo también quiero regresar, pero al mismo tiempo siento miedo.

Es bueno que nos vayamos, eso significa que estoy lo suficientemente recuperada para viajar, lo suficientemente segura para continuar mi vida. Aun así, siento miedo. ¿Qué pasa si no puedo regresar a mi vida completa? Sé que será diferente, definitivamente diferente de cómo he estado viviendo en México, donde la gente me ha cuidado las 24 horas del día.

En Panamá nos espera nuestra casa, tendré que tomar decisiones sobre muchas cosas. ¿Cómo manejaré la casa, como cocinaré la cena para la familia, cómo cuidare a los niños, cómo los ayudaré con la escuela y sus actividades, cómo iré al supermercado? Mis hijos van a volver a la escuela, a su antigua escuela, yo voy a intentar ir con ellos el primer día, estoy consciente de que la gente me puede mirar, pero no me importa. Estoy tan emocionada por ellos... Han deseado volver a casa y ver a sus amigos desde hace nueve meses.

Cuando llegamos al aeropuerto, le avisan a la señora del mostrador que no usaré una silla de ruedas de ellos, y que necesitaré mi propia silla cuando lleguemos a Panamá. Supongo que es algo a lo que tendré que acostumbrarme, hacerle saber a la gente mis necesidades con anticipación. En este momento puedo dar unos pocos pasos a la vez, así que no necesito la silla de ruedas del avión, gracias a D—s. Nunca me gustó esa cosa. Durante el vuelo, mi mente se satura con pensamientos y reflexiones, realmente me gustó mi vida en México...

Hace unos meses cuando hablé con mi amiga Sofy por teléfono, me dijo entre risas: "La única forma en la que te pudieron llevar a México, fue cuando estabas dormida. ¡Recuerdo cuando me dijiste que no te gustaría vivir ahí por nada del mundo!"

Es cierto, es una ciudad enorme y aunque tenemos muchos familiares ahí, nunca me gustó esa vida. Irónico, ahora que lo pienso, creo que una parte de mí realmente la va a extrañar. Pienso en dejar a mis hermanas, siempre las tendré y nos veremos seguido, pero durante nueve meses tuvimos la oportunidad de pasar mucho tiempo juntas, hacía mucho tiempo que no vivíamos todas en el mismo país.

Estoy agradecida por haber podido compartir estos últimos meses con ellas, me encantó saber que podía verlas todos los días. Las extrañaré mucho.

También pienso en mí, estar de vuelta en Panamá será diferente, pero es una oportunidad para ser más independiente. Reconozco que no tengo idea de cómo lo voy a hacer, pero haré lo mejor que pueda, momento a momento, paso a paso.

Una vez escuché que los finales son también comienzos. En realidad, antes de que llegara el momento de irnos de México, nunca pensé ni por un minuto en cómo iba a ser mi vida en Panamá. Estaba tan concentrada viviendo el momento, pensando en sobrevivir, así es como he estado viviendo desde que me enfermé. Cada momento ha sido una prueba, sólo tengo la fuerza para enfrentar un momento a la vez.

Ahora ha llegado la hora de dejar este país, lo logré, regreso a casa. Me gustaría describir cómo me siento, hay tantas cosas sucediendo a la vez, que no puedo nombrarlas. ¿Cómo será mi vida? No puedo vivir en el pasado, no puedo mirar hacia atrás y desear algo que alguna vez tuve. En este nuevo capítulo no puedo dejar que lo que pasó me arrastre, y mucho menos que arrastre a toda nuestra familia.

Sammy me está mirando fijamente, quiere saber si estoy bien.

—Es tan raro, no sé cómo sentirme, pero hay una cosa de la que estoy segura: comenzamos de nuevo, es así de simple —le digo.

Pienso que aunque la vida puede ser a veces horrible y un poco trágica, también está llena de momentos hermosos, en los que hay que sonreír y aprovechar al máximo los minutos que tienes en la vida, pero pase lo que pase, todo sigue avanzando.

Creo que hay un propósito para mí, y quiero encontrarlo, podría escoger simplemente existir, o podría escoger vivir una vida con alegría en el corazón, apreciando profundamente cada momento al máximo.

—Voy a pedirle a Jacky que te tome una foto cuando nos bajemos del avión —dice Sammy—. Estaré a tu lado, pero Gil me pidió que le enviara esa foto.

Es entonces cuando recuerdo que Gil me dijo varias veces:

—No voy a descansar hasta verte hacer dos cosas: cargar a Ariela por primera vez desde que te enfermaste, y bajar del avión, caminando de regreso a tu vida en Panamá.

Cuando abren la puerta del avión, la azafata me dice que espere en mi asiento hasta que traigan la silla de ruedas, toma cinco minutos, pero se sienten como los minutos más largos de todo el vuelo, quiero levantarme e irme. Mientras ubican la silla de ruedas, Sammy me da su brazo para que me apoye. Los dos bajamos del avión, y misión cumplida: estamos en Panamá, no avanzamos mucho cuando Jacky de pronto salta frente a nosotros y nos toma una foto.

—¡Se la enviaremos al tío Gil! —dice. Está radiante, es obvio que mis hijos están muy felices de regresar a Panamá.

Tan pronto como salgo del aeropuerto veo a nuestro chofer, Javi. Lleva 13 años trabajando con nosotros, recuerdo que mi mamá me contó una vez que cuando me enfermé en Panamá, Javi esperaba afuera del hospital todas las noches para ver si alguien de la gente que estaba ahí necesitaba algo. Eso significó mucho para nosotros, muestra el tipo de hombre que es, afectuoso y generoso. Cuando lo veo le doy un gran abrazo, se ve feliz de tenernos de vuelta.

Al llegar a la casa, Sammy me pregunta:

—¿Quieres caminar o prefieres la silla de ruedas?

—Puedo caminar —le digo—. Siempre intentaré caminar si puedo, odio la silla de ruedas, así que la usaré si es extremadamente necesario.

—Listo. ¡Vamos a subir a nuestra casa! —dice.

Camino unos 20 pasos para llegar al elevador, aunque se siente como mucho más que eso. Cuando se abre la puerta, veo a mucha gente. Sofy, Sharon, Alice, Hila, Miriam… ¡Mis amigas están aquí! Hay una mesa llena de flores, globos y comida. Me siento extraña. ¡Es una fiesta de bienvenida a casa!

—¡Estoy tan feliz de verlas! —les digo—. Las extrañé tanto. ¿Se acuerdan del marco que me regalaron con las fotos de nosotras riéndonos?

—Bueno, eso era lo que veía todo el tiempo cuando estaba en terapia en México, o cada vez que me sentía un poco deprimida. ver esas fotos me daba la fuerza y la motivación para seguir luchando para estar con ustedes nuevamente.

Les doy las gracias, nos reunimos alrededor de la mesa y hablamos un poco. Mi amiga Alice acaba de regresar de Houston el mes pasado, así que nuevamente estamos reunidas las seis. El simple hecho de estar juntas nos hace felices.

No hablamos de lo que ha pasado. ¡Tenemos muchos más temas para ponernos al día! Esa será una conversación para otro momento, hoy es un día para celebrar. Estoy aquí y ahora recuerdo por qué las extrañé tanto.

Pasada una hora se van, y nos quedamos en la casa nosotros seis y mi suegra.

—Me voy a ir a casa ahora —dice Tita—. Estoy muy feliz de que estemos de vuelta en Panamá y que ustedes seis estén aquí juntos, de vuelta en su casa.

Cuando nos despedimos, se siente raro, después de nueve meses de estar juntos, vamos a dormir en lugares separados, pero ella tiene a su esposo en su casa esperándola. Ha sacrificado tanto para poder cuidar a los niños, especialmente a Ariela. Fue como una mamá para ella, la forma en la que la cuidó, fue tan especial, que no tengo palabras para expresar mi gratitud. Me siento muy bendecida por tener a Tita en nuestras vidas, no sé qué hubiera hecho si ella no hubiera estado con nosotros este tiempo, así que decir adiós es difícil. Vive a solo tres minutos de distancia, pero la sola idea de no verla diario es rara.

Me siento cansada, ha sido un día largo y emotivo, cierro la puerta, me doy la vuelta, y de observo mi casa. La analizo de verdad, estaba tan concentrada en la gente, que no le puse atención a mi casa. Han pasado casi 10 meses desde que nos fuimos, y me pregunto cómo nuestra vida pudo haber cambiado tanto, cuando todo por aquí se ve exactamente como lo dejamos.

La última vez que estuve aquí fue cuando salí por esta misma puerta hacia el hospital, ahora, cuando miro alrededor de mi casa, a pesar de que es igual, tengo una sensación extraña. Siento que la última vez que estuve parada aquí fue hace cinco años y no hace sólo 10 meses.

Los niños corren a sus habitaciones, la nana de Ariela se la lleva por el pasillo para bañarla, veo a Sammy caminando por la casa, creo que está viendo qué cambios se necesitan para adaptarla a mis nuevas necesidades, para hacerme la vida más fácil y permitirme ser más independiente.

Decido sentarme un momento y pensar: *¿Cómo lo hago? ¿Por dónde empiezo? Tengo que empezar mi nueva vida ahora.*
Es bueno estar aquí, es bueno estar en casa, significa que estoy bien, significa que sobreviví. pero la inquietud vuelve a aparecer, no sé cómo recuperar mi vida.
Bueno, supongo que me refiero a la otra vida, aquella en la que no necesitaba estar acompañada 24 horas del día y podía alimentarme y bañarme sola, desearía avanzar un poco más rápido hacia un lugar en el que pudiera estar un poco más cómoda, ser más independiente, donde pudiera confiar un poco más en mí misma.
Lamentablemente, no hay un botón para que la vida avance más rápido.

Hoy me siento bendecida con un nuevo sentimiento. Estos últimos días en casa he estado pensando mucho, y me acabo de dar cuenta de algunas cosas.
Lo que mi familia y yo sufrimos fue inevitable, podría pasarme la vida entera preguntándome qué podríamos haber hecho diferente, pero la verdad es que ahora siento una enorme determinación para encontrarle un propósito a esto, eso es lo que va a hacer una diferencia en mi vida y la de las personas que me rodean.
Mi nueva rutina es un poco simple, Sammy se queda en casa la mayor parte del día ya que puede trabajar desde ahí. Hizo una pequeña oficina en nuestro cuarto, de esa manera puede pasar un poco más de tiempo en casa.
Estoy segura que quiere darme tiempo a solas para que me adapte a esta nueva vida, pero también quiere estar cerca, en caso de que necesite algo. Es muy cuidadoso: se asegura de que coma, tome mis medicinas, tenga los zapatos adecuados, a veces incluso me ayuda a peinarme.

Todos los días es lo mismo:
- Me despierto, Sammy ya está despierto.
- Se voltea y me pregunta con seriedad que cómo me siento.
- Luego me ayuda a bañarme y a vestirme.
- Y cada vez, justo antes de ir a trabajar a su oficina, me pregunta si necesito algo. Me doy cuenta de que necesito mucha ayuda, especialmente en este momento. Ojalá pudiera molestarlo con menos cosas, pero lo hace con gusto y con amor, a pesar de eso, no puedo evitar sentir que lo estoy molestando.

Una vez que finalmente estoy vestida y lista, salgo de casa y voy al súper o hacer lo que se necesite para la casa. Javi me lleva a donde necesito ir, él también me cuida, no me deja sola ni un segundo, estoy rodeada de personas que me cuidan.

Cuando llego a casa trato de hacer algo para el almuerzo, por supuesto con ayuda. Me ayudan a picar verduras o abrir cosas como frascos y paquetes, a veces me encuentro con mis amigas para tomar un café, luego hago una hora de fisioterapia. Sí, todavía sigo con la fisioterapia.

Los momentos en los que me siento triste son menos frecuentes, estoy sonriendo y riendo más a menudo. ¿Cómo puedo estar triste si tengo a tantas personas maravillosas a mi alrededor? No sería justo para ellos que me sienta triste. Quiero luchar, ser fuerte, y sobre todo, sonreír para ellos, con ellos. La forma en la que contemplamos nuestras experiencias es propia de cada persona, puedo elegir cómo responder al pasado, elegir cómo responder al presente, y esas respuestas pueden cambiar mi futuro. Puedo quedarme en casa, en mi cama y esperar a que la vida vuelva a mí, los niños recuperaron su vida tan pronto como aterrizaron en Panamá.

Pero y ¿qué pasa con mi vida?

Nadie espera nada de mí, pero me niego a quedarme en la cama a ver qué pasa, si pongo todo en una balanza puedo medir qué vale más: ¿lo que sí tengo? O ¿lo que no tengo? En lugar de centrarme en lo que me falta, elijo centrarme en lo que SÍ tengo, puedo estar triste o puedo estar feliz. Tengo la oportunidad de controlar cómo quiero vivir cada momento. Todavía tengo mucho que aprender, algunas cosas seguirán siendo difíciles, incluso más de lo que ahora puedo imaginar, pero no quiero quedarme atrapada en el trauma o en el dolor de la experiencia que viví, eso haría imposible vivir mi vida con plenitud.

Cada momento es una elección, y quiero ser feliz, quiero alejarme de la oscuridad y regresar a la luz, tomar consciencia de cómo cambiado mi vida. Hoy descubrí que tengo una opción: tengo el poder de comenzar mi historia aquí mismo, ahora mismo, y quiero que sea una buena historia. Quiero que escuchen mi historia y digan: "Ella vivió su historia de la mejor manera posible".

Me dieron una segunda oportunidad y haré que valga la pena.

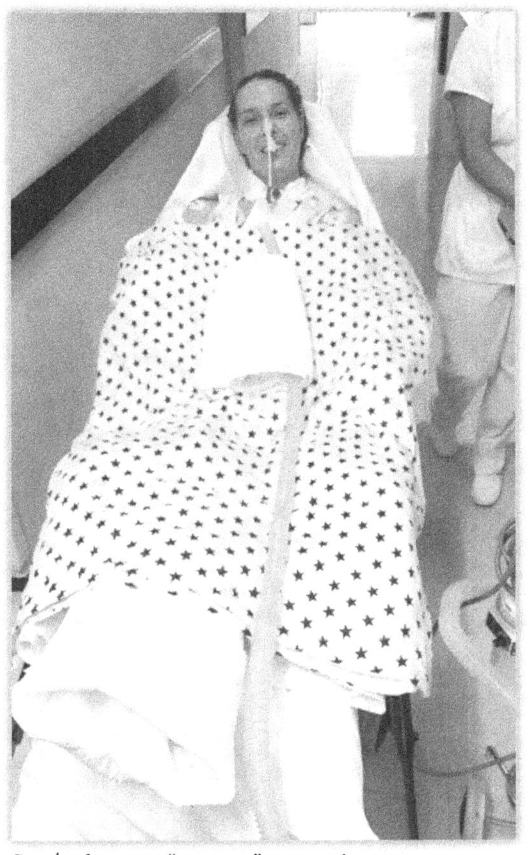

Sacándome a "pasear" por primera vez

Ronit y Tali

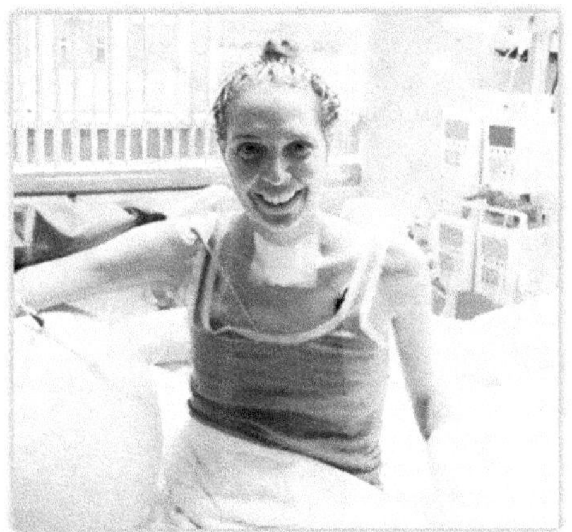

La primera vez
que me senté sola

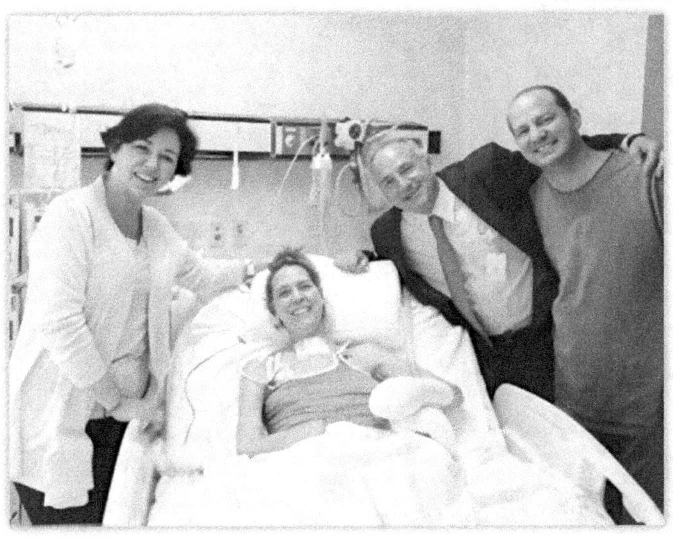

Dr Mari Carmen Amigo,
Dr Gil, Sammy y Ronit

La mejor visita al hospital: Jacky, Ronit, Joseph and Raquel

La fiesta de bienvenida a casa en el hotel.

Saliendo del hospital en
México después de 3 meses

Sosteniendo a Ariela por primera vez
desde que fui hospitalizada

Jack, Ronit y Joseph

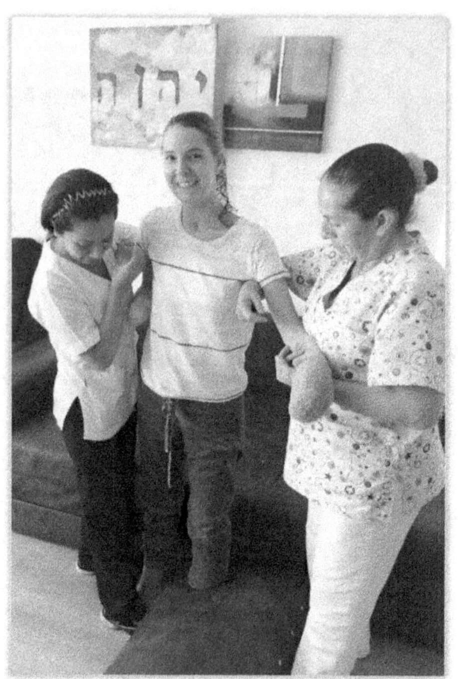

Primera vez de pie

Fisioterapia

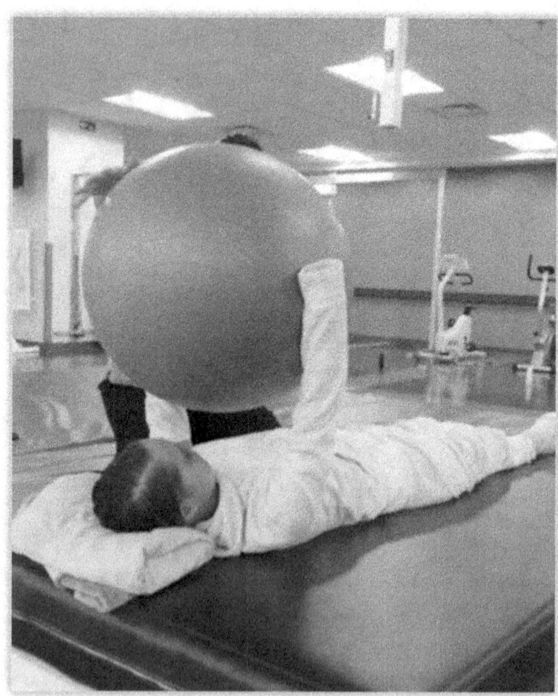

Fisioterapia

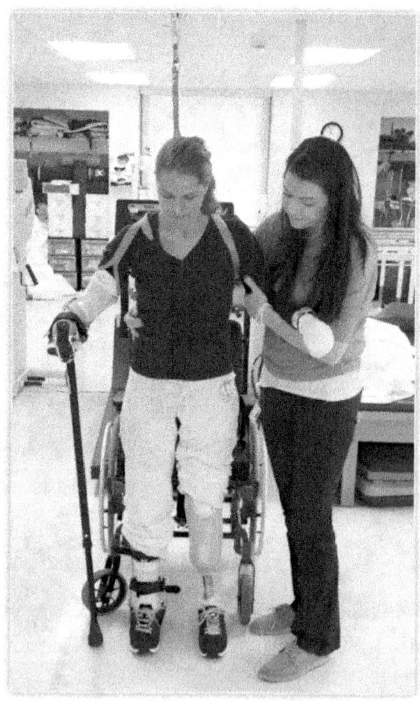

Primera prótesis de pierna en
Filadelfia

Sammy, Jacky, Joseph,Ronit y Raquel en New York

Reina, Ronit, Ariela,Tamara, Sammy, Raquel, Jacky,
Joseph e Isaac

Primera vez en la piscina

Febrero 2015 Llegada a Panamá

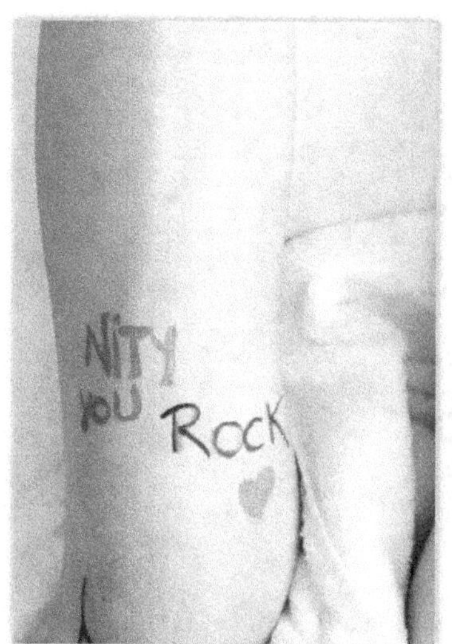

Julio 2014 - El mensaje de Tali
antes de la cirugía de
amputación

Adiós a México

Tali, Carla, Papá y Ronit

Tali, Mami y Ronit

Ronit, Carla, Tali, y la abuela

Jugando softbol nuevamente con Jacky y Sammy

Ariela se queda dormida así
cada noche

Dic 2016 - Volviendo a casa
de la cirugía

El primer día de clases de Ariela

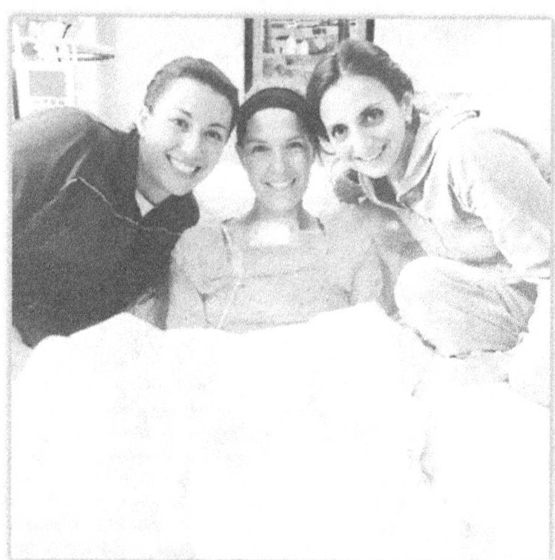

Sharon, Ronit y Sofy

Mi viaje a Disney por mi cumpleaños 40

Sharon, Sofy, Ronit, Hila, Miriam
y Alice

Sofy y Ronit

Israel, Noviember 2015

Charlas

Recuerdos familiares

Recuerdos familiares

Tita y Ronit

Mi doctor favorito - Tío Gil

Sammy y Ronit en boda en Acapulco

Jack y Ronit

Joseph y Ronit

Raquel y Ronit

Ariela y Ronit

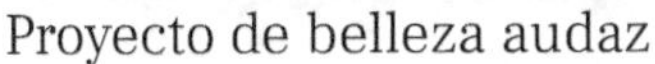

Proyecto de belleza audaz

do epic.
POWER
GAB

CAPÍTULO 13
Transformación

Y de repente lo sabes:
Es hora de empezar algo nuevo
y confiar en la magia de los comienzos

— Meister Eckhart

Esta noche iremos a una fiesta con unos vecinos, todavía no me siento cómoda yendo a ningún tipo de evento, no sé qué ponerme. También me preocupa ver a la gente por primera vez, desde que regresé a Panamá.

Llegamos, y tan pronto como abrimos la puerta, siento como unos 50 pares de ojos se clavan en mí. Comienzo a caminar muy despacio, apoyándome en mi bastón, no es algo malo ser como como soy, pero es la primera vez que me ven desde que me enfermé, así que entiendo las miradas, la gente quiere acercarse a saludar. Me siento abrumada esta noche, es demasiada gente a la vez.

Sammy está a mi lado, paso a paso, unos amigos nuestros nos invitan a sentarnos a la mesa con ellos, es un respiro que agradezco, empezamos a hablar, y una pequeña parte de mí se relaja.

Vemos a una persona que se nos acerca y escucho:

—Hola, ¿puedo hablar contigo?

Sé quién es, pero no somos amigas. Trato de ser cortés y decir hola, pero antes que pueda pronunciar una palabra, se sienta directamente frente a mí.

Con cara de dolor y tristeza me dice:

—¿Cómo vas a superar esto? ¿Tus hijos no están sufriendo? ¡pobre de ti!

Juro que quiero golpear a esta mujer. ¿Cómo puede decirme esto? ¿Después de todo lo que sobreviví? Después de lo que superé para llegar hasta aquí, cuando apenas y tengo el valor para ir a un evento público.

Cuando termina, simplemente digo:

—¿Sabes qué? Te voy a decir algo, estoy muy feliz de estar aquí, me siento agradecida, y mis hijos están muy bien. Gracias.

Me volteo para ver a mis dos amigas, me miran y al instante vienen a ayudarme a levantarme y alejarme de esa mujer. Puedo imaginarme perfecto lo que están pensando.

¿Cómo puede alguien preguntarme eso? ¿Cómo alguien puede mirarme con tanta tristeza? ¡Con tanta lástima!

Cuando llegamos a casa, me pregunto: *¿Es así como la gente realmente me ve? ¿Proyecto una imagen de tristeza? ¿Estoy haciendo que la gente sienta lástima por mí?*

Eso es lo último que quiero. Sigo recordando cómo era antes, pero no tengo miedo a abrazar esta nueva vida. A partir de este día intentaré sonreír más, quiero que la gente me mire y vea que es posible ser feliz, incluso cuando suceden cosas terribles.

Hoy es 25 de febrero de 2015, y es el primer día de clases de mis hijos en Panamá. Estoy emocionada de llevarlos y ver cómo se reúnen con sus amigos y su entorno. También me emociona llevar a Ariela a su salón de clases, técnicamente no es su primer día de clases, porque fue a una escuela en México, pero será el primer día que yo la lleve. Lo hice con mis tres hijos mayores. Es un momento especial para ella y para mí, porque es la última vez que lo haré, ella es mi bebé.

Es curioso cómo con el tiempo valoramos las cosas de forma diferente, este es un gran momento para todas las mamás del mundo, pero para mí tener esta oportunidad de llevar a mi hija a su primer día de clases, tiene un nivel de apreciación completamente nuevo. Dado lo que pasó en México, no tuve la oportunidad de estar ahí con ella, en mi caso fue imposible, , ¿ojalá pudiéramos apreciar más cuando si podemos estar allí con ellos.

Sería más fácil responsabilizar a alguien más por mis sentimientos, por no estar ahí, ¿verdad?, pero no voy a hacer eso. La forma en la que lo veo es que D—s decidió que tenía que pasar por lo que pasé, así que no voy a culpar a nadie ni a responsabilizar a nadie por lo que me ha pasado.

Hace unos días le pedí a Tita que me acompañara a dejarlos, no lo dudó ni un segundo, le da alegría acompañarlos, después de todo el tiempo que le dedicó a Ari, es lo menos que podía hacer, así que juntas la llevaremos.

Hoy regresaré a la escuela de mis hijos después de mucho tiempo, veré a muchas personas que no me han visto desde que me enfermé, seguramente me mirarán con curiosidad, pero tengo que ser lo suficientemente valiente para ir. Tengo que salir y vivir la vida al máximo.

Llegamos a la escuela y nos bajamos del carro, es el primer día de secundaria de Jacky, Joseph entra a 5° grado, Raquel a 1° grado y Ariela a kínder. Comenzamos a caminar juntos y después de unos diez segundos, tres de mis hijos me llenan de besos, se despiden de mí, y salen corriendo para reunirse con sus amigos.

Es maravilloso ver sus sonrisas, extendiéndose de oreja a oreja, mientras desaparecen rápidamente de mi vista.

El uso de un bastón hace que el progreso sea lento, sin embargo, me ayuda a caminar mejor y me da estabilidad. Tita, Ari y yo caminamos hacia su salón de clases, ella camina delante de mí, lleva su mochila de Minnie Mouse que es casi tan grande como ella. No tiene idea de lo que esto significa para mí, tener la oportunidad de compartir esto con ella. Sigo pensando que este momento podría haber sido muy diferente, podría no estar aquí. No quiero que mi mente se vaya por ese camino, pero pensarlo me hace darme cuenta de lo agradecida que estoy por estar aquí con ellos, quiero ser la roca que era antes para mis hijos. Creo que de alguna manera, el trauma nos brinda la oportunidad de crecer, cambiar y valorar las cosas de manera diferente.

Llegamos al salón de clases de Ariela y de inmediato los profesores comienzan a buscar una silla para que me siente, Tita me ayuda también, aunque al mismo tiempo, quiere darme mi espacio, todo sin hacerme sentir incómoda. Cuando nos sentamos, nos traen una caja de crayones, un papel y las maestras nos piden que dibujemos algo para nuestros hijos.

Mi mente piensa, *¿Cómo? ¿Cómo voy a poder hacerlo si no tengo manos? ¿Cuántos eventos como este tendré que enfrentar en mi nueva vida?*

Cosas en las que nunca había pensado antes, cosas que hacemos sin siquiera darnos cuenta que somos capaces de hacer, ahora son un obstáculo para mí.

Tita me ayuda a instalarme en el escritorio, de alguna manera tomo un crayón con la mano izquierda y empiezo a dibujar. Elegí un sol que trazo en la esquina superior derecha con algunas nubes en el medio y una flor en la parte inferior, Ariela mira el dibujo con mucha atención, como si estuviera dibujando una verdadera obra de arte. Cumplirá dos años el próximo mes, pero la forma en la que me ve y la felicidad que ambas sentimos cada vez que estamos juntas, es increíble, se siente una conexión impresionante.

Si lo pienso, yo era la persona con la que ella pasaba las 24 horas del día, y un día desaparecí, y como si eso fuera poco, se mudó a otro país completamente diferente, con un clima diferente, nueva comida, un nuevo hogar, diferentes miembros de la familia y todas las pequeñas cosas a las que estaba acostumbrada desaparecieron, fueron muchos cambios para una niña de un año.

Así que ahora que estamos de regreso en Panamá, ambas comenzamos a experimentar cosas juntas de nuevo, aunque antes vivíamos en Panamá, todo es nuevo para nosotras, después de todo, estuvimos en México durante 10 meses, la mitad de su vida. Aparentemente podría parecer que sigo con mi vida como antes, pero para mí todo es nuevo.

La realidad es que nada de lo que hago es igual. Todo representa un desafío enorme, no hay forma de que pueda mirar las cosas de la misma manera. Incluso hacer un dibujo para el primer día de clases de mi hija es una experiencia nueva.

Hoy Sammy me dijo que tenemos que viajar a México para un chequeo en mi pie. Los doctores nos dijeron que tenemos que acostumbrarnos a esto, pues tendremos que viajar muy seguido. Al principio tendré que hacerlo una vez al mes. El talón de mi pie derecho no está completamente curado. Tengo la herida abierta, por lo que necesitan revisarme constantemente, no se puede hacer en Panamá.

Ojalá pudiera quedarme en casa, estoy empezando a recuperar finalmente mi vida, y aunque al principio tenía miedo de estar lejos de los hospitales y doctores, ahora sólo quiero quedarme en mi casa. Realmente disfruto estar ahí, es la primera vez en la que puedo estar sola en meses.

Estoy usando mi tiempo libre para conocerme a mí misma, sí, probablemente suena raro, pero es verdad, el tiempo que estuvimos en México pasaba casi todos los días pensando en nada. Quiero decir, pensé en muchas cosas, pero mi mente estaba concentrada en sobrevivir cada momento, cada día, fortalecerme y prepararme para volver a casa, no había espacio para nada más. Ahora que estoy de regreso, en realidad estoy pensando, no sólo sobreviviendo, por primera vez en mucho tiempo.

Paso rato pensando en lo que pasó. ¿Cómo me enfermé, por qué sobreviví? ¿Cuál es el propósito de lo que pasé? Pienso en el significado que puedo sacar de ello. No sé cuál es el plan de D—s para mí, estoy segura de que con el tiempo obtendré algunas respuestas, pero no tengo idea adónde va mi vida, qué va a pasar, cómo va a pasar o si lo voy a hacer bien. De lo que estoy segura es que nadie me puede desanimar para llegar a cumplir las metas que me propongo, y en este momento una de esas metas es tener la absoluta voluntad de vivir, de mostrar mi gratitud a mi familia y al mundo entero.

Quiero ser mejor persona, vivir plenamente, sonreír y sentir alegría con todo mi corazón. Quiero asegurarme que estoy alineada con el propósito de cómo puedo hacer las cosas bien en el futuro. Pero, ¿cómo le llamaría a hacer las cosas bien de todos modos? Creo que llegar a ser completamente feliz, aceptar mi cuerpo, apreciar la vida y ayudar a los demás a través de mi experiencia, ese sería el camino correcto. Esas podrían ser mi metas.

Cuando lo pienso, es asombroso que nunca tuvimos que remodelar o cambiar nada en la casa para prepararla para mi llegada. Sammy acaba de comprar un banquito especial para la regadera, para que me siente y me lave las piernas. Se ingenia varias formas de hacerme la vida más fácil, por ejemplo, uso un lápiz óptico insertado en el vendaje en la parte inferior de mi brazo derecho para usar mi iPad y mi iPhone. Así lo hago desde que me amputaron la mano. Necesito seguir usando un vendaje debido al proceso de recuperación de la cirugía. Mi mano izquierda está vendada porque estamos esperando que los dedos se curen y pueda ganar la mayor longitud posible, estamos encontrando soluciones creativas y haciendo que funcione.

Otro viaje rápido a México transcurre sin problemas, todo está bien gracias a D-s. Vimos a tres doctores diferentes, y regresamos después de cuatro días, estoy muy feliz de estar de vuelta en casa.

Esta noche tengo un evento en la sinagoga con la comunidad judía panameña, quiero dar las gracias a las personas que rezaron para que me recuperara. Diré algunas palabras de agradecimiento y luego diré algunas palabras en nombre de mi amiga Alice, que regresó a Panamá el mes pasado después de estar en Houston, recibiendo su tratamiento contra el cáncer. Ambas queremos mostrar gratitud a nuestra comunidad por el apoyo que nos han dado.

Tengo otro reto grande, hoy veré a más personas de la comunidad que no había visto desde que regresé, pero esta vez no me siento tan nerviosa, sé que me sentiré más cómoda cada día, aunque todavía me cuesta que me vean.

Si me preguntan qué es lo que me da valor para salir adelante, diré que con mi fe y gratitud, puedo conquistar lo que al comienzo de mi viaje pensé que era imposible.

Daré una sonrisa a las personas que me rodean para mostrar el enorme agradecimiento que siento, y sí, sé que no podré sonreír las 24 horas del día, pero me concentraré en el regalo del momento presente. Lo haré con fe y gratitud a D—s por ayudarme a elegir tener una vida plena, guiada por el cielo, en un camino con propósito y felicidad.

He tenido muchos momentos lindos desde que regresé a Panamá. Estar en mi propia casa, cómo me recibió la gente, el día que doné mi silla de ruedas, el día que manejé por primera vez.

Pero uno de mis momentos favoritos es cuando veo a mi amiga Sofy para tomarnos nuestros cafés diarios. Todos los días, a eso de las 11 de la mañana, nos juntamos y hablamos de nada y de todo al mismo tiempo, y no sé cómo, al final nunca nos alcanza el tiempo. Nos conocimos hace 12 años y desde ese día ha sido la amiga que nunca pensé que pudiera tener. Nunca tuve a alguien como ella en mi vida, alguien que me escuche, se ría conmigo, me entienda, pero sobre todo, que me haga olvidar mis preocupaciones, mi discapacidad. Ella me da un propósito para salir de la casa todos los días, vivo el momento y espero con ansias salir de casa para pasar esa hora del día con ella, estamos construyendo un fuerte vínculo. Al principio, nuestra amistad se trataba más de pasar un buen rato juntas, pero desde que regresé de México, esta amistad se ha convertido en algo mucho más que tener a una simple amiga.

Cuando estuve en México pude reconectarme profundamente con mis dos hermanas. Una de las cosas que más me preocupaban de regresar a Panamá era saber que ya no las iba a tener cerca.

Están a solo una llamada de distancia, pero no es lo mismo, y no es que esté reemplazando a mis hermanas con Sofy, pero mis hermanas y yo no vivimos en el mismo país, y la relación del día a día se vuelve más desafiante. Sofy es como mi hermana aquí en Panamá, para mí era muy importante encontrar a alguien con quien compartir mi vida, lejos de mi casa, de la medicina, de mis dolores.

Ella me dice que no me ve como una persona discapacitada. Me ve como un todo, completa, no me ve como alguien a quien le falta algo, como muchos otros fácilmente lo hacen. Escuchar eso me hace muy feliz porque esa es una de las razones por las que he luchado tanto, quiero que la gente vea mi verdadero yo, todo mi yo, y eso es lo que hace Sofy.

Recuerdo una vez que me pidió que le abriera una botella de agua, cuando me lo pidió, simplemente la miré, entrecerrando los ojos, esperando que se diera cuenta de lo que me estaba pidiendo, y dijo: ¡*ups*, perdón!, y se rio.

Es divertido ver cómo reacciona la gente cuando ve que no puedo hacer algo tan sencillo, como abrir algo, pero que me pidan que lo haga, es ahí donde encuentro la belleza de la situación, eso quiere decir que todavía me ven como un ser completo.

Ella también está pasando por un momento difícil en su vida, por lo que tener esta amistad es un apoyo enorme para las dos, nos ayudamos mutuamente.

Sofy y yo nos estamos reconstruyendo juntas, cada vez que nos vemos descubrimos quiénes somos, y poco a poco empezamos a sentirnos más como nosotras mismas. Cada café, cada día crecemos como individuos, mientras construimos una amistad que pronto se va convirtiendo en algo mucho más fuerte. Sofy literalmente está presenciando cómo me estoy transformando en una nueva persona.

Ahora puedo decir que el vínculo que tenemos va más allá de ser amigas, la quiero mucho y estoy muy agradecida de conocerla. Ella ya es parte de mi familia, ser parientes de sangre es irrelevante cuando tienes la oportunidad de hacer conexiones como esta, estas relaciones te ayudan a vivir tu vida al máximo.

Me refiero a que ha cambiado mi vida, es curioso cómo alguien a quien uno llama "amiga" puede significar tanto, ella me ha ayudado a vivir de verdad.

Una vez aprendí de una persona que quiero mucho, que cuando damos amor, puede ser de muchas maneras: escuchando a otro, mostrando una sonrisa o simplemente dando los buenos días todos los días. Espero dar y demostrar amor, ser un ejemplo de ello, y que al hacerlo, me convierta en la mejor persona que pueda existir, para mí y para los que me rodean.

Estamos sentados alrededor de la mesa almorzando cuando Jacky me pregunta:

—Ma, ¿crees que podemos ir al parque y lanzar unas pelotas? ¿Tal vez jugar un poco béisbol, como hacíamos antes?

Desde que estuve en el hospital en México, me ha preguntado si algún día voy a volver a jugar béisbol. He estado evadiendo esa conversación, no creo que pueda volver a jugar, pero no quiero decirle eso.

— Ma, mientras tú te arreglas y bajas al parque, yo voy a buscar a unos cuantos amigos. Estoy seguro de que van a estar muy emocionados de volver a jugar. ¿Te acuerdas cuándo bajábamos jugar béisbol los sábados? ¡A veces había alrededor de 20 niños en el parque!

Su emoción llenó mi corazón y me puso nerviosa, no veo cómo decirle que no puedo jugar. Lo último que quiero es decepcionarlo ni siquiera tengo la oportunidad de considerar rechazarlo, porque ya salió por la puerta con una bolsa llena de bates, guantes y pelotas de béisbol.

Diez minutos después estamos abajo en el parque, preparándonos para lanzar algunas pelotas. Hace mucho calor y ya estoy sudando, tengo mi pierna y mano prostética puestas. Me siento incómoda, se siente como si estuviera jugando a disfrazarme.

Tengo dos opciones: puedo quedarme en casa acostada en la cama, o decidir enfrentarme a la vida y divertirme.

El día de hoy, "diversión" significa jugar béisbol.

Mientras esperamos a que lleguen los niños, Sammy, Jacky y Joseph comienzan a lanzar algunas pelotas. Cuando era chica jugaba sóftbol, me encantaba. Lo recuerdo como si fuera ayer, jugué durante seis años en México y también en Panamá antes que naciera Jacky, jugaba con Sammy y algunos de sus amigos.

El sonido de las pelotas de béisbol golpeando los guantes me hace recordar esa época. *Intentaré divertirme y disfrutar el día*, pienso.

La sonrisa en la cara de Jacky vale mi esfuerzo

—Ma, es tu turno al bate.

Ve en mi cara que no estoy segura de cómo hacerlo, ni siquiera sé cómo voy a pararme y agarrar el bate.

Estoy sudando como loca, los niños están aquí en el parque, esperándome, observando. Voy a usar mi mano protésica para sostener el bate.

Enfoco la mirada y hago el movimiento de bateo cuando veo la pelota, me las arreglo para hacer contacto con la pelota, pero mi mano protésica comienza a deslizarse por mi brazo, y finalmente vuela en la misma dirección que la pelota.

En ese instante miro hacia arriba y luego veo las caras de los niños, parecen haberse quedado congelados, en pausa, esperando a ver cómo reacciono. Nadie se mueve. Nadie dice nada. Hay silencio durante unos segundos, volteo a ver a Sammy y a mis hijos, y entonces comenzamos a reírnos. Cuando los demás se dan cuenta de que nos reímos, también se ríen. Estamos riendo tanto, que nos contagiamos entre todos, y nos entran ataques de risa, que nos dejan tirados en el piso, mientras tratamos de recuperar el aliento. Miro al cielo y siento una abrumadora gratitud por haberme dejado vivir esto.

Me doy cuenta de que en este momento estoy escribiendo un pedazo de mi historia. Lo que pasó no fue perfecto, pero toda la tarde fue increíble. Nos quedamos más tiempo y jugamos béisbol durante horas. ¿Cómo puede haber cosas tan simples y frívolas que, sin embargo, nos hacen profundamente felices?

CAPÍTULO 14
Valentía

No importa las veces que caes
sino las veces que te levantas
Vince Lombardi

Estando en México le preguntamos a Jacky lo que quería hacer para su Bar Mitzvah, dijo que tenía ganas de pasar el gran día en Israel, y ahora, casi un año y un par de meses después de que me enfermé, puedo comenzar los preparativos.

Cuando le pregunté a quién le gustaría invitar, entre familiares y amigos eran más de 50 personas. Hice los arreglos de viaje, las reservaciones de hotel y restaurantes, organicé la ceremonia etc., tenía que encontrar vestidos y trajes para toda la familia. Definitivamente eso me mantuvo ocupada.

Cuatro meses después, llegamos a Israel llenos de emoción. Es un sentimiento especial aterrizar en Israel, porque estás conectado con la gente y su historia, además de eso me genera un sentimiento de enorme gratitud.

Tengo días de tours, comidas y actividades especiales planificadas para las personas que vienen para el Bar Mitzvah. Mis amigas de Panamá se hospedan en el mismo hotel que nosotros, voy a su habitación y nos quedamos en la cama, hablando y riendo. No sé qué es, pero cuando estoy cerca de ellas puedo relajarme y divertirme.

Soy la encargada del viaje, quiero que salga según lo planeado, pero, sobre todo, quiero que la pasemos súper bien y que este día sea lo más especial posible, disfrutarnos y disfrutar Israel, al mismo tiempo. Quiero crear recuerdos que atesoremos para siempre.

Hoy visitaremos un lugar llamado *Beit Halochem*[1], que les provee ayuda a los discapacitados de Israel. *Beit Halochem* está comprometido con la rehabilitación, reconstrucción y mejora de las vidas de más de 50,000 israelíes que han quedado discapacitados sirviendo en la línea del deber o víctimas de terrorismo.

---

[1] www.beithalochem.ca

Los centros en todo el país ofrecen programas deportivos, recreativos y terapéuticos especializados. No es sólo un lugar de recuperación física, sino también donde nuestros héroes heridos pueden recuperar su dignidad y calidad de vida. El centro se preocupa por nuestros veteranos discapacitados y los ayuda a recuperar sus vidas. Vamos a pasar el día allí con gente del centro. Los veremos jugar basquetbol en sus sillas de ruedas. ¡Hasta nos van a dejar jugar!, será divertido.

Vamos a donar el dinero que Jacky recaudó en Panamá para esta ocasión especial. Sammy y yo queremos enseñarles a retribuir a los demás y ver lo que este lugar hace, porque es increíble poder cambiar tantas vidas. Queremos que vea cómo las personas que han pasado por momentos difíciles, han decidido reponerse y disfrutar la vida al máximo.

El viaje supera mis expectativas: catorce días de recuerdos únicos en la vida. Espera un momento… ahora que lo pienso, no creo que en realidad tenía ninguna expectativa. Estaba tan concentrada en pasar un buen rato, a pesar de mis desafíos físicos, que me olvidé por completo de las luchas y los desafíos que había enfrentado durante el último año. Crear recuerdos en Israel era mi único objetivo.

¡Misión cumplida!

Es muy lindo volver a cenar juntos en nuestra casa, y tener la oportunidad de compartir lo que sucedió a lo largo de nuestro día. Me encanta escuchar las historias de mis hijos, es notorio que me cuesta comer en la mesa, pero estoy agradecida. Una de las cosas que más detesté fue cuando estuve en el hospital y no podía usar mis manos, entonces alguien más tenía que darme de comer. Realmente no podía soportarlo, creo que esa es una de las razones por las que no pude aumentar de peso en esa época.

Antes de que me enfermara, usaba mi mano derecha, pero ahora, con lo que me queda de mi mano izquierda, puedo alimentarme y ser un poco más independiente, con cada cucharada de comida recuerdo el regalo de pasar el tiempo juntos como familia. Es un desafío enorme, pero tratamos de divertirnos. Seguro que piensas que cuando sirvo la cena todos se ponen de pie para ayudarme, ¿verdad?

¡Pues no!, mis hijos me piden que les sirva, y así, con media mano, les sirvo la cena, lo hago lo mejor que puedo, aunque la mesa quede toda sucia.

Un día, Sammy tiene una idea loca:

—¿Saben qué?, para que vean a lo que Mami se tiene que enfrentar cada vez que estamos en la mesa, hoy vamos a hacer algo diferente, nos vamos vendar la mano derecha y vamos a intentar comer con la izquierda. Así sabrán por lo que Mami pasa cada vez que tiene que comer.

Ese día la mesa termina hecha un gran desastre con comida salpicada, incluso en sus camisas. Entre el caos, los niños repiten la misma reflexión:

—¡*Wow*, esto es más difícil de lo que parece!

Sammy y yo nos miramos y empezamos a reír, creo que es un momento que todos recordaremos con cariño, después de esa noche tuvieron una probadita de uno de los obstáculos con los que me enfrento todos los días.

Otro día, en la mesa de la cena, mis hijos discuten cuál es mi hijo favorito, no puedo ser la única mamá que ha escuchado esta conversación, ¿verdad? Así que me siento ahí a escucharlos, todos tienen una opinión diferente.

Luego, mi hijo Jacky dice:

—Yo sé que yo soy su favorito, porque para mí ella no sólo es mi mamá, para mí ella es mi mejor amiga.

En ese momento mi corazón estalla de amor.

Me siento enormemente bendecida de vivir estos momentos de completa felicidad. ¿Cómo podré mostrar mi gratitud? ¿Cómo agradecer lo suficiente? ¿Cómo hacer que un "gracias" alcance a explicar lo que siento? Esa palabra ahora parece demasiado pequeña. Estos momentos son lo que llamo verdadera alegría. Ser feliz no significa que todo sea perfecto, sino que decidas enfocarte en las cosas que valen la pena.

Anoche llegamos a México porque mi pie está infectado nuevamente, todavía está abierta la parte posterior del talón. La herida no se está cerrando, estoy cansada de tener que viajar de ida y vuelta con tanta frecuencia.

Ayer Sammy llamó al doctor que me atiende para avisarle que volvíamos. El doctor nos indicó que fuéramos directamente al hospital y que nos vería la noche que aterrizamos.

Hospitalizada y conectada a antibióticos, esperamos al doctor, pero nunca llegó. ¡No es la mejor manera de empezar el viaje! Más tarde llamó y dijo que estaría aquí hoy. A estas alturas estamos acostumbrados a estar en el hospital, pero esta vez hay más incertidumbre de la que suele haber. *¿Qué está pasando con mi pie?*

Cuando por fin llega el doctor a verme, después de un día y medio de esperarlo, nos dice que tuvo un problema personal que le impidió llegar antes al hospital.

—Queremos saber qué va a pasar con su pie si se sigue infectando —le dice Sammy de inmediato—. Hemos ido y venido a México todos los meses y no creemos que esté mejorando en lo absoluto.

Podemos ver que el médico está un poco incómodo.

—Miren, hemos estado esforzándonos mucho para salvar este pie —nos explica—. Ya probamos todo lo que se puede hacer, tienes dos opciones: esperar a ver si algún día se cura solo, o amputar el pie.

Estoy conteniendo la respiración, casi puedo sentirme físicamente tratando de digerir la noticia.

—Veo lo bien que te está yendo con tu pierna protésica izquierda —continúa diciendo el doctor—. Podría ser una mejor idea considerar lo mismo para tu pierna derecha.

La sorpresa es más abrumadora que el desafío del balde con agua helada.

Cuando decidimos venir al hospital, nunca nos pasó por la cabeza que tendríamos que tomar esta decisión.

Sammy responde instantáneamente:

—No creo que ese sea el camino a seguir. Estoy seguro de que podemos intentar algo más para ayudarlo a sanar.   —Se voltea hacia mí y me pregunta—: ¿Qué piensas?

Me quedo callada un rato, luego le digo al doctor con un tono cauteloso: "Ya es muy tarde. Tenemos que pasar la noche aquí en el hospital porque necesito antibióticos, Sammy y yo lo pensaremos y decidiremos mañana. ¿Te parece?"

Esa noche nos la pasamos pensando. Sammy y yo nos quedamos callados, tratando de comprender lo que está sucediendo y lo que está por venir, estaba claro lo que teníamos que hacer.

El día siguiente, y vamos a una cita con otro ortopedista, para pedir una segunda opinión, él nos di ce lo mismo: la mejor opción es amputar el pie.

—Será más cómodo al final —dice—. De lo contrario, regresarán para que lo revisen con bastante frecuencia.

Escuchamos al doctor e instantáneamente decido que me quiero amputar el pie.

—No creo que vaya a funcionar nunca ese pie, así que lo mejor que se puede hacer es empezar de nuevo.

Cuando me volteo para ver la cara de Sammy veo duda.

—¿En serio? —me pregunta—. ¿No quieres pensarlo bien?

—No —respondo—. Cuanto antes lo hagamos, mejor. Ya no quiero este pie.

Llego al hospital para la operación de amputación muy motivada, creo que va a estar bien. Me pregunto si va a ser más difícil con dos piernas ortopédicas, pero sinceramente no lo creo. He visto gente corriendo y haciendo una vida normal con dos piernas prostéticas, bueno "normal", dentro de lo que cabe. Todavía tengo que encontrar un camino a seguir con mis manos. En este

momento me haré la cirugía, lo que se tenga que hacer, aunque sea difícil. Tengo miedo, pero estoy segura de mi decisión.
No quiero que el miedo se apodere de mí. El miedo inventará cualquier excusa posible, para no dejarme tomar las decisiones correctas para mí y para mi vida, y no quiero vivir de esa manera.

Estoy de regreso después de la cirugía. Miro a mi alrededor y reconozco que estoy en la sala de recuperación. Me siento bien, creo. Recuerdo cuando me amputaron la primera pierna, el dolor que sentía al despertar era insoportable.
Viene una enfermera y informa:
—Si sus signos vitales se mantienen estables, podemos llevarla de regreso a su habitación privada en unos minutos.
Cuando me suben, la primera persona a la que veo es a Sammy, cada vez que lo veo me siento aliviada al instante. Siempre me hace sentir que todo va a estar bien. Recuerdo al principio, me ponía muy ansiosa cuando él no estaba cerca de mí, incluso cuando sabía que estaba justo afuera de mi cuarto. Supongo que así será siempre. Cuando no tienes manos ni piernas, aprendes a confiar en los demás. Mientras estoy en el hospital no me gusta recibir muchas visitas. Sólo mi mamá, mi hermana Carla (Tali ya no vive en México, ahora vive en Cancún), mis dos tías a las que adoro y mi prima.
El doctor nos dice que necesito estar en el hospital por tres días, después de eso iremos a Cancún con mi papá y mis hermanas por dos semanas. Me quedaré allí mientras me recupero de la cirugía.
Los tres días pasan rápido y nos vamos a la casa de mi papá.
Mi papá me dio su cuarto en el primer piso. Mientras yo descanso, mis hijos juegan con sus primos, van a la piscina y nos sentamos en una mesa grande afuera a mirar los canales de agua.
Normalmente nos quedamos allí todo el día, comiendo y hablando. Cerca de la hora del almuerzo llega Tali con su familia y no nos levantamos de la mesa hasta las 7 de la noche. Es el tiempo en familia lo que realmente me cura.
Ocho días después de la cirugía, el doctor viene a la casa para quitarme los puntos y revisar lo que una vez fue mi pierna, y ahora es mi extremidad. Dice que se ve bien.
—Tal vez en una semana pueda comenzar a bajar la pierna, ahora está en una posición elevada, y en aproximadamente un mes pueda comenzar la adaptación de su nueva prótesis.
Todas son buenas noticias.
Me encanta estar aquí con mi familia, la pasamos muy bien juntos, aunque no hagamos nada especial. En la terraza, disfrutamos del sol, hablamos, jugamos juegos de mesa y reímos, estar cerca de ellos, reconocer el apoyo y el amor

que me dan, hace que la recuperación sea mucho mejor. Siento que una vez que has estado en ese borde, ese límite del que no estás segura si vas a regresar, te ves obligada a ver lo que realmente es importante. Empiezas a apreciar cuánto amor tienes en tu vida.

¿Tendremos que llegar a tocar fondo para encontrar apreciación? Pienso mucho en esto. No es que antes no apreciara las cosas, pero siento que a veces pasamos la vida medio dormidos, creo que es porque estamos persiguiendo las cosas equivocadas, o buscando la felicidad en lugares equivocados.

He aprendido a apreciar cada minuto, a abrazar el momento presente, y a no pensar en que pasará después.

Algunas cosas son importantes, tengo cuatro hijos, una familia y una casa, obviamente trato de cuidar de ellos de la mejor forma posible, es sólo que ha sido tan difícil, que por primera vez me doy cuenta del valor de tener estos momentos simples y tan significativos. Quiero dedicarme a amar a los demás y a crear algo que me dé un propósito, un sentido de vida. Es muy pronto para mí soñar así de grande. Tengo un largo camino por delante, pero estoy empezando a encontrar alegría en muchas cosas nuevas, y no puedo esperar a ver lo que me espera en el camino.

—Sammy, ¿podemos tener un perro?

—¿Qué? —pregunta.

No sé qué me pasó hoy, pero me desperté con la sensación, las ganas, de tener un perro. Es raro porque nunca había pensado en eso antes. Quiero decir, me encantan los perros. ¡Pero también fue un shock para mí! Ni siquiera sé de dónde salió la idea.

Es de noche, pasé todo el día buscando en Google diferentes razas de perros y hablando con mi hermana Tali para que me dé su consejo. Ella me dice que hay una raza que se llama "Labradoodle", que no suelta mucho pelo y son muy buenos con los niños.

Me siento y veo un sinfín de fotos e información sobre la raza.

A la mañana siguiente, Tali nos dice:

—Conozco a alguien en México que los está criando, déjame hablar con ellos para ver si todavía tienen un cachorro disponible.

Tres días después, tenemos a Tommy, un hermoso perro negro, mi cuñado fue a México a recogerlo. Mientras llegaba, Sammy habló con los niños sobre ser responsables y cuidar al perro. Todos se emocionaron. ¡Quién podría negarle algo a alguien a quien le acaban de amputar la pierna! ¿verdad?

CAPÍTULO 15
Optimismo

El optimismo es fe que lleva hacia los logros

Helen Keller

Aunque estoy caminando un poco mejor, no estamos contentos con la pierna prostética. Sabemos que podría estar mejor, ya que todavía tengo que usar un scooter para moverme.

Ha pasado un año y medio desde que regresamos a Panamá cuando una noche Sammy encuentra un nuevo protesista en Nueva York, decide viajar a la ciudad para conocer el lugar y ver si es tan bueno como se ven las fotos de Instagram. Descarga la aplicación para aprender más sobre prótesis. Todas las noches, antes de irse a dormir, pasa aproximadamente media hora buscando diferentes personas que usan prótesis, cada vez aprende más sobre este nuevo mundo.

Cuando regresa de Nueva York, me dice:

—Creo que encontré el lugar para ti, este es el indicado.

La semana que sigue volamos a Nueva York. Apenas entramos en las instalaciones, puedo ver lo diferente que es, comparado a lo que hemos experimentado antes.

Es un lugar muy agradable, cuenta con diferentes salas donde atienden a alrededor de cinco pacientes a la vez, que vienen para recibir o arreglar sus prótesis.

Habíamos llamado antes, haciéndoles saber lo que queríamos, hablé con Erik Schaffer, fundador y director ejecutivo de *A Step Ahead prosthetics*[2]. En la llamada me preguntó el tipo de prótesis que quería.

Mmmm… bueno, digo en mi mente, *¡me gustaría volver a tener manos y pies!* Sus opciones parecen el menú de un restaurante, no puedo creer que haya tantas opciones para elegir.

Le digo que quiero estar cómoda usando mi prótesis todo el día y no sentirme cohibida por eso. No quiero tener que quitármelas tan pronto como llegue a casa porque me sienta incomoda. Cuando me pregunta por la parte estética le

---

2 www.weareastepahead.com/

digo que quiero que se vea lo más natural posible. No sé si es posible tener las dos cosas, pero ya que me lo preguntó, eso es lo que quiero.

—Vamos a hacer unos ajustes para las piernas y el brazo —me dice—. Y haremos posible que te sientas lo más cómoda que se pueda.

Hoy es el segundo día y ya tienen todo listo para probármela.

Me ponen la pierna ortopédica, no puedo creer lo que estoy sintiendo. No hay dolor, y el molde se siente bien. Obviamente es muy diferente caminar con una prótesis que caminar con tus propias piernas, pero moverme sin dolor me permite moverme libremente de nuevo, con el tiempo, estoy segura de que caminar con piernas prostéticas me resultará normal.

Después de caminar con la prótesis todo el día, Eric me dice:

—Ve al centro comercial y compra unos zapatos. Necesitas diferentes alturas. Necesito que camines para ver si hay algo que debamos cambiar, porque después de eso, no podremos hacer grandes ajustes.

Estamos en la zapatería, camino para ver las opciones de zapatos. Cuando me pruebo un par, la señora me pregunta:

—¿Los siente bien o siente que le aprietan?

Me quedo callada… Miro a Sammy y veo que está a punto de reírse, porque no es posible que yo sienta si me aprietan, me río con él. Pobre mujer, creo que se da cuenta de lo que dijo.

Es divertido, estoy empezando a hacer cosas normales otra vez, pero todavía no se sienten normales en absoluto.

Vamos al lugar de las prótesis todos los días de 7 de la mañana a 4 de la tarde. He visto a muchas personas diferentes en este lugar. Es impresionante como cuando te falta una parte del cuerpo, empatizas más con otras personas que se parecen a ti. Aquí no me siento tan diferente a los demás, no me siento como cuando camino por la calle o cuando estoy en el supermercado.

En este lugar siento una gratitud muy grande, estoy agradecida de contar con los recursos para tener lo que necesito para hacer mi vida lo más fácil y cómoda posible, y no sólo eso, sino que también estoy en condiciones de viajar para atender mis necesidades y pagar los gastos que conlleva el viaje.

Cada prótesis es muy cara, no me puedo imaginar lo difícil, o incluso imposible, que sería hacer lo que hacemos, si no tuviera los medios económicos necesarios, definitivamente me siento bendecida.

Al final de la semana, estoy exhausta, pero es viernes y vamos a pasar el fin de semana en Manhattan. El protesista quiere que trate de caminar con la prótesis durante todo el fin de semana.

Es sábado, vamos a Central Park a dar un paseo, todavía tengo mi scooter para recorrer largas distancias, por si acaso. Esta es la primera vez en la que Sammy me ayuda a ponerme la prótesis apenas me despierto.

Caminamos hacia el parque, Sammy está paseando junto a mí y mi scooter, estamos más o menos a dos cuadras del parque, vemos a mucha gente caminando, corriendo, y haciendo estiramientos. Es asombroso cómo damos por hecho y no nos damos cuenta de la bendición que es tener un cuerpo sano que se mueva tan fácilmente. Cuando llegamos a la entrada y miro a mi alrededor, asimilo todo. Siempre me ha gustado Central Park por su belleza, veo la enorme área verde llena de árboles, gente caminando, corriendo, o sentada simplemente disfrutando del día, como si nada pasara en el mundo y nada pudiera detenerlos. De repente, tengo la sensación de que quiero ponerme de pie, dejar mi scooter y experimentar el mundo como lo hacen ellos, con libertad.

—Quiero intentar caminar —le digo a Sammy—. Quiero tratar de sentirme normal, aunque sé que estoy lejos de ser "normal".

Me pregunto, ¿qué significa realmente ser normal…?

Poder caminar en esta ciudad que va tan rápido, no es poca cosa, pero la oportunidad de no tener que verla desde una posición sentada, es enorme. Así que me pongo de pie y empiezo a caminar un paso a la vez, Sammy me sigue con la silla eléctrica por si me canso.

Veo una zona plana y cubierta de hierba con pequeñas montañitas. Creo que puedo seguir. No estoy cansada y no siento ningún dolor, camino hacia adelante, y sigo adelante. Estoy emocionada, es la primera vez que camino sin sentir el dolor insoportable que me detenía. Nunca, con los protesistas anteriores pude sentirme así de bien. Me siento tan feliz, tan libre. Es la primera vez en la que no dependo de otra persona o dispositivo para avanzar.

Sammy

Vamos de camino a Central Park, el objetivo es probar las nuevas piernas prostéticas. Tengo la esperanza que estas serán las piernas adecuadas para Ronit. Quiero verla feliz, caminando para vivir su vida y moverse con libertad. Cuando llegamos al parque, decidimos dejar la silla eléctrica cerca, por si acaso. Cuando se pone de pie y comienza a caminar, la sigo detrás, muy cerca, vigilándola. Mientras la veo caminar y comenzar a subir pequeñas colinas, nos vamos alejando más y más de la entrada.

Tal vez me va a pedir el scooter pronto, pienso.

—Volveré para buscar el scooter —le digo—. ¡Sigue caminando!
No quiero decírselo, pero hasta yo me estoy cansando.
Creo que va a querer descansar pronto, pero tan pronto como el pensamiento entra en mi mente, se voltea y me dice:
—Quiero seguir caminando.
Me encanta la determinación que veo en su rostro, su entusiasmo es palpable. Cuando me deja atrás para subir aún más colinas frente a ella, me doy cuenta de que es la primera vez que la veo caminar con tanta facilidad desde que se enfermó.
La palabra felicidad realmente no me alcanza para resumir lo que estoy sintiendo en este momento.

Cuando volvemos a *A Step Ahead* el lunes por la mañana, me siento más confiada. Me preguntan cómo me siento, dependiendo de mi respuesta, van a decidir si el paso a seguir es hacer unas prótesis permanentes, además me van a hacer otro par que se adapte a mis necesidades, con estas nuevas piernas podría bañarme de pie. ¡Podría bañarme sola! Hace más de dos años y medio que no puedo bañarme de pie.
Me dicen que estas prótesis también funcionan para la playa y para nadar en una piscina. No me imagino yendo a la piscina con mi aspecto físico actual, al menos no todavía. Realmente espero que algún día pueda volver a disfrutarlo, pero por ahora quiero disfrutar que esta noche me voy a bañar parada y sola. Este evento es simple para la mayoría del mundo, algo por lo que casi nadie se emociona, ¿verdad? Estoy segura de que nunca sentimos gratitud por podernos bañar solos. Quiero decir, ¿quién se fija en eso? Lo damos por hecho, pero cuando se te priva este privilegio durante tanto tiempo, y de pronto puedes hacerlo de nuevo, es muy emocionante. Cada pequeño cambio hace una enorme diferencia, en este momento, las cosas pequeñas realmente importan.
No tener que pedir una silla para discapacitados, se siente como una victoria, es dar un paso adelante hacia la normalidad. Me imagino poder moverme sola, poder lavarme el pelo, el cuerpo y hacerlo con más libertad.
Ya que sobreviví y he trabajado duro, quisiera usar esta nueva yo para sanar mi cuerpo y mi mente, quisiera usar esta nueva yo para vivir mi vida de una manera diferente, con más sentido. Es una nueva oportunidad para encontrar mi propósito y mi fuerza.

Querer estar más sana se ha convertido en una gran parte de lo que soy ahora que puedo entender y reconocer el dolor en los demás, porque yo también lo he experimentado, y he permitido que me convierta en una mejor persona. Así que seguiré caminando, y cuando me sienta lista, trataré de correr.

Esa es la parte hermosa de la vida, la fuerza que puedes encontrar para seguir adelante. Incluso en los días en los que crees que es imposible, después de dar un paso adelante, te das cuenta de que puedes hacerlo, puedes no nada más sobrevivir, puedes vivir.

Este lugar cambió mi vida, cuando pienso en el enorme cambio que he hecho en estas dos semanas, casi no puedo creerlo, estoy muy feliz de que Sammy lo haya encontrado.

Para mí, ser libre es vivir en el presente, no puedo quedarme estancada en el pasado, lamentándome.

Si el doctor hubiera hecho esto en lugar de aquello, o si hubiera ido al hospital un día antes, tal vez las cosas hubieran sido diferentes. Ese es el pasado. No puedo cambiar nada de eso.

Quiero elegir la compasión, el humor, la curiosidad, el optimismo, la intuición, pero sobre todo, quiero vivir cada momento con aprecio.

Me siento mucho más segura, la gente a mi alrededor está empezando a mirarme, a acercarse a mí de una manera diferente, eso se siente muy bien, estoy más que feliz y muy agradecida por este nuevo cambio.

Hoy vamos a un centro comercial, necesito comprar ropa nueva, estoy tan delgada que no hay muchas cosas en mi closet que me queden bien.

Entramos a la tienda de *Victoria's Secret* y una señora me pregunta si me puede ayudar en algo, y si hay algo en particular que esté buscando. Cuando se acerca a mí, ve que estoy recogiendo algunos artículos para verlos con mi media mano izquierda, baja la mirada y se da cuenta de que tengo prótesis en las piernas.

Otra señora se acerca a mi diciendo:

—Discúlpame por quedarme viendo, es sólo que estoy asombrada por tu actitud. No todos los días vemos personas como tú —continúa—. Es impactante, cuando te miramos podemos ver tu discapacidad, pero cuando vemos tu rostro estás sonriendo. Es como si una cosa no coincidiera con la otra.

La miro escuchando lo que dice y veo que está llorando, cuando me giro para mirar a la otra señora, ella también está llorando.

—Sentimos mucho llorar frente a ti —dicen ambas—, y que te acosemos de esta forma, pero queremos decirte que hoy nos diste una lección de vida.

¿Cómo no nos damos cuenta de lo bendecidas que somos por tener nuestros cuerpos completos, y sin embargo, pasamos la mayor parte de nuestros días de un humor terrible y ahogándonos en un vaso de agua…

Cuando salimos de la tienda, le digo a Sammy:

—Es sorprendente cómo siempre obtengo la misma reacción de la gente, lo que más les llama la atención es ver mi sonrisa. Es como si dijeran "¿cómo es posible que esa sonrisa y ese cuerpo pertenezcan a la misma persona?"

Y eso es exactamente lo que quiero que la gente vea en mí: *una sonrisa*.

Una sonrisa que vale más que mil palabras.

Tomamos un avión a México con nuestras dos hijas, Raquel y Ariela, tenemos una boda en Acapulco y vamos a pasar unos días en la playa. Estoy emocionada por las niñas, pero será difícil para mí. Es la primera vez que voy a usar un traje de baño en público. Va a ser un gran shock, pero estoy decidida a pasar un buen rato, así que intentaré vivirlo de la forma más natural posible, espero que la gente no me mire feo y me juzgue por mi cuerpo. Me pregunto si a alguien le puede disgustar mi apariencia física en traje de baño, incluso si es así, no puedo hacer nada al respecto. Espero que no, pero mañana veremos qué pasa.

Ha llegado el momento. Verme en un espejo es difícil, trato de concentrarme en el milagro de estar viva, de sobrevivir y tener la capacidad de disfrutar la vida nuevamente, en lugar de criticar mi reflejo. Veo mi cara y sé que soy yo, pero es como si no reconociera mi cuerpo.

¿Qué pensará la gente cuando me vea?, me siento ridícula por siquiera pensar en usar un traje de baño. No quiero que mi discapacidad sea lo único que la gente vea en mí, así que tengo dos opciones: o permito que lo que pasó domine mi existencia, y sientan lástima por mí, o me mantengo firme y asumo lo que se cruce en mi camino.

Algunas de estas pruebas probablemente me afectarán más que otras, y voy a tener muchas más experiencias como esta. La pregunta es, ¿qué quiero hacer de esas experiencias? Puedo mantenerme recta o ser derribada, y aunque a veces me caiga, me aseguro que intentaré no quedarme mucho tiempo en el suelo, porque la vida es demasiado corta para ser infeliz.

Me visto para bajar a la piscina, Sammy me está ayudando a ponerles protector solar a las niñas. Están muy emocionadas porque hay un tobogán de agua, me preguntan si puedo ir con ellas, por supuesto que sé nadar, pero de nadar a tirarme por el tobogán es otra historia. De nuevo, no sé si podré hacerlo con mis prótesis, pero voy a intentarlo.

Tan pronto como empiezo a caminar hacia la piscina, una niña de unos nueve o diez años comienza a seguirnos, nosotros seguimos caminando, pero la niña está sólo unos pasos atrás.

—Mami, esa niña nos sigue —me dicen mis niñas en voz baja.

—No se preocupen y disfruten de su día —les respondo.

Las niñas me escuchan y se meten a la piscina mientras que yo me siento cerca. No me atrevo a meterme, me siento y observo a mis hijas jugar en el agua, la niña se acerca, se para a mi lado y me pregunta:

—¿Por qué tienes estas piernas? ¿Por qué tu mano es así y dónde está tu otra mano?

—Hace unos años me enfermé muy fuerte y para que yo estuviera bien, tuvieron que quitarme las piernas y ponerme estas nuevas —respondo con la misma respuesta de siempre.

Raquel y Ariela me llaman, me están pidiendo que vaya a la piscina, pero esta niña sigue hablando y haciéndome preguntas, trato de ser amable, pero lo está haciendo cada vez más difícil, pronto han pasado 20 minutos de cuestionario.

Miro alrededor para ver si su mamá está cerca, tal vez pueda decirle que su hija tiene muchas preguntas, tal vez su mamá pueda guiarla para que entienda, ya traté de explicárselo de muchas maneras. Le pregunto a la niña que quién es su mamá y me señala otra zona de la piscina.

Con esfuerzo caminó hacia allá y le digo a la mujer:

—Mira, creo que tu hija tiene muchas preguntas sobre mí, traté de explicarle por qué soy así físicamente, pero creo que ella tiene que escucharlo de ti. Nos ha estado siguiendo durante mucho tiempo y ninguna de las respuestas que le doy parece satisfacerla. ¿Me puedes ayudar por favor? Estoy tratando de jugar con mis hijas…

La madre me mira y dice:

—¡Ay! Está bien, hablaré con ella más tarde.

Pero inmediatamente se voltea y sigue hablando con la mujer con la que estaba hablando antes.

Cuando vuelvo con mis hijas, me preguntan:

—¿Por qué nos sigue de nuevo la niña?

—No lo sé —les respondo—. Estoy segura de que tiene curiosidad sobre lo que me pasó.

—Pero queremos jugar contigo —dicen en tono de súplica.

—Sí, lo sé, vayamos al otro lado de la piscina y veamos si deja de seguirnos.

¿Y adivina qué? La niña empezó a seguirnos de nuevo.

Me volteo para ver a su mamá que no tiene idea de que su hija se ha pegado a nosotras, sus preguntas se disparan a mil por hora, esta situación continúa durante otros 45 minutos.

Finalmente hablo con la niña una vez más, y le pido amablemente que nos dé un tiempo a solas, que por favor deje de seguirnos y nos deje jugar un rato, pero ella me vuelve a preguntar:

—¿Por qué esto y aquello?

Me levanto, me acerco a su mamá y le digo:

—Mira, ha pasado más de una hora desde que tu hija comenzó a seguirnos haciendo preguntas, quiero estar con mis hijas. Es la primera vez desde que me enfermé que puedo pasar tiempo con ellas en la piscina. Ni siquiera hemos podido hablar porque tu hija no deja de tocarme el brazo y las piernas, señalarme y hacerme cada vez más preguntas.

Le pido, de una manera muy amable, que le diga a su hija que nos dé un poco de privacidad. Ella asiente y sigue hablando con la mujer que está a su lado.

Me alejo, pero después de apenas 10 minutos, la niña está de regreso y se repite la misma historia.

Un sinfín de preguntas, siguiéndonos, investigando mis brazos y piernas, con el último aliento de paciencia, decido adoptar un enfoque diferente, y en voz muy baja les pido a mis hijas que me sigan la corriente.

Espero y después de dos minutos vuelve a preguntar:

—¿Por qué pareces un robot? ¿Qué te pasó?

La miro directamente a los ojos y le digo:

—Mira, estaba nadando en un lago. Estaba oscureciendo, de repente, vi algo nadando cerca de mí. Cuando miré más de cerca me di cuenta de lo que era: ¡un cocodrilo! Abrió la boca y... Antes de que pudiera terminar mi increíble historia, vimos a la niña salir corriendo. Jamás regresó.

Cuando me volteo para mirar a Raquel y Ariela, se están riendo tan fuerte, que sus caras se ponen rosadas, en ese instante comienzo a reír también.

Realmente me siento mal por la niña, pero creo que su mamá podría haber hecho algo para ayudar a que la situación fuera más fácil. Entiendo que no todos los días ves a una persona como yo en la piscina, traté de ser paciente, traté de hablar con su mamá dos veces y ella no hizo nada. Un poco de empatía no estaría mal. Sólo quería estar con mis hijas y disfrutar el día con ellas. También para mí es una experiencia difícil, ser lo suficientemente valiente como para usar un traje de baño… quería vivir un día normal, mostrándoles a mis hijas que aún podíamos hacer muchas cosas a pesar de mi discapacidad.

No voy a desear una vida perfecta, no voy a pasar desapercibida y menos en traje de baño, llamo la atención de la gente, pero al final del día mi responsabilidad es estar con mi familia, y vivir la vida plenamente con ellos. Trataré de darles un buen ejemplo de lo que es una vida plena, y eso incluye las muchas veces en las que tendremos que enfrentarnos a dificultades o situaciones incómodas. Quiero que se sientan orgullosos de mí.

Además es esencial fijarse en los que nos rodean, ver que ellos también tienen dificultades, necesitamos mostrar empatía y cuidar de los sentimientos de la gente. Si aprendiéramos esto, el mundo sería un mejor lugar.

CAPÍTULO 16
Autoconfianza

*Confía en ti mismo, y crea el tipo de persona
con el que serás feliz viviendo toda tu vida*

Golda Meir

Me estoy acostumbrando a la rutina en mi día a día, estoy agradecida por lo que tengo; es lo que me ayuda a superar mis obstáculos cotidianos. Siento que corro hacia algo, no que estoy huyendo, y tengo toda mi vida para averiguar qué es mejor no mirar hacia atrás, no detenerse en lo que era la vida antes, y si miro hacia atrás, es únicamente para ver cuánto he avanzado, lo lejos que he llegado.

Algunos días son más difíciles que otros, pero el simple hecho de darles un beso a mis hijos antes de que se vayan a la escuela y recibirlos por las tardes es increíble. Tan pronto entran a la casa, preguntan: ¿Está mi mamá en casa?

Aunque siempre estoy aquí, la pregunta me hace sonreír. Me cuentan sobre su día, y a veces los cuatro empiezan a hablar a la vez, yo trato de darle a cada uno su propio momento para compartir.

Cuando no están en casa trato de concentrarme en mi terapia, ejercicio, planificar la cena y salir a tomar un café con Sofy. Por las tardes trato de estar en casa cuando regresan, Ariela suele ser la primera en llegar, y jugamos un juego de mesa u otra cosa que le llame la atención. Es tan linda... Cada día construimos nuestra nueva relación, no es que se haya olvidado de mí, pero durante nueve meses no había podido estar completamente presente. Es hermoso estar aquí.

Me siento bendecida. Nuestra historia podría haber sido diferente, aunque trato de no pensar en eso, quiero concentrarme en lo que sí tengo, lo que está frente a mí, en lugar de lo que no tengo.

Imagina que tienes una balanza: de un lado pones lo que no tienes, en mi caso, manos y pies, y del otro lado pones lo que sí tienes, mi corazón, cerebro, hígado, riñones, pulmones, brazos, ojos, boca, mi vida, y sobre todo, fe.

¿Qué lado pesa más?

Decidí desde el comienzo que me enfocaría en lo que sí tengo en mi vida. Ese enfoque me ayuda a llegar a un lugar mucho más saludable y feliz, todos los días. Aprendí que la gratitud viene de reconocer lo presente, no de enfocarme en lo que no tengo. Cada día que pasa me doy cuenta de que sigo en este mundo con un propósito. Cada vez estoy más convencida de que tengo una misión, y no es sólo estar con mi familia, también es con las personas que conozco y con las que aún no conozco. Estoy segura de que hay algo más. Me estoy acercando a lo que estoy buscando, una razón para todo esto.

Cada vez que salgo de casa, la gente me mira, poco a poco me estoy acostumbrando. A veces es más desafiante, dependiendo de cómo reacciona cada persona, cuando la gente sigue mirándome durante mucho tiempo, me desespero un poco, hasta que desvían la mirada. Algunas personas no se dan cuenta que mirarme fijamente puede hacer que me sienta incómoda, y no sólo yo, también mis hijos. Sin embargo, va a seguir pasando. Esto no va a cambiar o a desaparecer, así que depende de mí cómo quiero interpretar cada situación. Como me siento no es la realidad en la que debo enfocarme, es simplemente mi interpretación. La cuestión es aceptar quién soy, y disfrutar la vida.

Entonces, ¿qué hago cuando la gente me mira? Los miro a los ojos y sonrío, los saludo con alegría. Enfrentarme a las miradas es incómodo, para ser honesta, pero he decidido matar sus miradas con amabilidad.

Eso no significa que siempre funciona.

Hubo una vez cuando estaba caminando en el centro comercial con mis hijos Joseph y Raquel, y nos dimos cuenta de que una mujer estaba mirándome de una forma fea, como si le repugnara mi físico. Tratamos de ignorarla, pero su mirada era persistente, así que me acerqué y le pregunté:

—Disculpa, ¿puedo ayudarte con algo?

—Si me preguntas por qué te estaba mirando, quiero decirte que puedo mirar lo que yo quiera, cuando quiera, y como quiera —respondió de forma agresiva.

Su respuesta me silenció y regresé con mis hijos, dándome cuenta de que la parte más triste de la historia no fue cómo me trató, sino que mis hijos vieron y escucharon su crueldad.

El resto de mi vida haré lo posible para usar mis palabras con más cuidado, ya que tienen el poder de cambiar vidas.

Sin embargo, hay otros momentos en los que matar miradas con amabilidad ha funcionado. No hay garantías, he visto con mis propios ojos cómo una sonrisa puede cambiar el mundo, y así elijo yo definirme a mí misma, en lugar de permitir que personas como esa señora me definan.

Camino diferente a los demás, no es exactamente cojear, pero es diferente. A veces la gente no nota mi mano hasta que les entrego mi tarjeta de crédito. A veces se enfocan en mi cuerpo, pero a veces me *ven*. Es como si pudieran ver dentro de mí, como si estuvieran mirando mi alma. Aprecio esos momentos más de lo que puedo expresar. Cuando la gente me ve por primera vez, es gracioso ver sus reacciones. Al principio se sienten tristes por mí, luego suelen preguntar qué pasó, algunos incluso empiezan a llorar y me preguntan: "¿Cómo puedes sonreír así?"

Les respondo que tengo muchas cosas en la vida, que me dan fuerzas para seguir luchando cada día. Lo que se puede leer en los rostros de la gente es incredulidad. No entienden cómo mi cuerpo puede parecer tan roto y, sin embargo, mi rostro está lleno de paz y felicidad. Nunca quise quedarme rota e indefensa, de eso estaba segura desde el principio.

Todas las experiencias conducen a mejores mañanas y a días más brillantes, son días en los que mi sonrisa brota con facilidad, y es como si la vida fuera color de rosa, y me pregunto: ¿cómo lo hago, cómo sigo adelante? ¿Cómo puedo ver las cosas tan objetivamente? ¿Será reflejo del amor que tengo en mi vida?

Antes de enfermarme solíamos ir una vez al año a Las Vegas, Sammy y yo, creemos que es importante para nuestro matrimonio pasar unos días sólo nosotros dos.

El primer viaje que hicimos después de enfermarme, íbamos caminando por la calle y necesitábamos ir a la farmacia, hacía mucho calor y yo estaba usando shorts, con mis prótesis completamente expuestas. Estábamos cruzando un puente, cuando vimos a un vagabundo ponerse de pie y comenzar a seguirnos por lo que podrían haber sido unos 10 metros, teníamos curiosidad, pero seguimos caminando.

Cuando nos acercamos a la escalera eléctrica, de repente se detuvo frente a nosotros, me miró de arriba abajo y dijo:

—¡Esto es a lo que yo llamo tener una actitud impresionante!

Nos miramos el uno al otro, una sonrisa comenzaba a aparecer en cada uno de nuestros rostros, y nos preguntamos: ¿Qué acaba de pasar?

¡Fue increíble! Es una locura lo diferente que pueden ser las reacciones de las personas respecto a mí. Ese momento siempre será uno que recordaré. Cada situación nos enseña una lección para ser mejores cada día. Momentos como ese me muestran que en realidad estoy haciendo un buen trabajo en cómo estoy escogiendo vivir mi vida. Simplemente siendo yo y dejándome ver, aporto un poco más de luz a mi vida y por ende a las de los demás. Empiezo a creer en mí cada vez más, y cada día es una nueva oportunidad de ser la persona que siempre quise ser, de sacar lo mejor de lo que tengo. Estoy aprendiendo a encontrar luz y alegría hasta en las cosas más pequeñas.

Aunque estoy feliz, sigo teniendo muy presente mi apariencia, probablemente siempre estaré súper consciente de mi cuerpo, pero estoy empezando a sentirme más cómoda cada día. Cuando veo mis cicatrices, pienso en lo que he pasado, lo que he superado. Quizás sanar no es borrar las cicatrices, quizás sanar es apreciar las heridas, porque sin ellas, no estaría aquí.

Una vez leí algo en un libro, que tuvo un efecto duradero en mí:

Bienvenida a Holanda
por Emily Perl Kingsley

Me piden muy seguido que describa la experiencia de criar a un niño con discapacidad –para tratar de ayudar a otras personas que no han compartido esa experiencia única, para entender e imaginar lo que se sentiría. Eso es como...

Cuando se va a tener un bebé, es como planificar un viaje fabuloso de vacaciones a Italia. Usted compra unas guías de viajero y hace planes maravillosos. Al Coliseo. A ver la estatua de David de Miguel Ángel. Las góndolas en Venecia. En fin, usted aprende algunas frases importantes en italiano. Todo es muy emocionante.

Después de algunos meses de impaciencia anticipada, el día finalmente llega. Usted hace sus maletas y se va. Muchas horas después, el avión aterriza. La azafata viene y dice, "Bienvenida a Holanda".

"¡¿Holanda?!" dice usted. "¿Qué quiere decir con Holanda? Yo me registré para viajar a Italia! Yo tengo que estar en Italia. Toda mi vida he soñado con ir a Italia".

Pero hubo un cambio en el plan de vuelo. Hemos aterrizado en Holanda y aquí es donde se debe quedar.

Lo importante es que no la hemos llevado a un lugar horrible, sucio, lleno de pestilencia, hambruna y enfermedad. Es sólo un lugar diferente.

Usted debe salir y buscar nuevas guías de viajero. Deberá aprender un idioma nuevo y conocerá mucha gente nueva que jamás hubiera conocido.

Esto es solamente un lugar diferente. Es mucho más lento que Italia, menos bonito. Pero después de que haya

> estado allí un tiempo y tome un poco de aire, mire a su alrededor... empezará a notar que Holanda tiene molinos... y que tiene tulipanes. Holanda tiene a Rembrandt.
>
> Pero cada persona que usted conoce está ocupada yendo y viniendo de Italia... y todo de lo que hablan es del buen tiempo que pasaron allí. Y por el resto de su vida, usted dirá, "Sí, allí es donde supuestamente yo iba a ir. Eso es lo que yo había planeado".
>
> Y el dolor de eso nunca, nunca se irá... porque la pérdida de ese sueño es muy significativa.
>
> Pero... si usted se pasa la vida lamentando el hecho de no haber podido ir a Italia, nunca será libre de disfrutar lo especial, las cosas tan preciosas acerca de Holanda.

Esa historia me toca cada vez que la leo, eso es lo que pasó con mi vida antes de enfermarme. Tenía mi vida planeada, incluso pude visualizar algunos fragmentos de mi vida futura, y de repente, de un momento a otro, todo cambió drásticamente y terminé en un lugar completamente inesperado. Fue como si despertara en una dimensión alterna. Mi entorno era diferente, mis necesidades eran diferentes, mi cuerpo era diferente, yo era diferente. Una vez que comprendí ese cambio que alteraría mi vida, tuve que decidir si quería comenzar de nuevo, si quisiera empezar mi vida de nuevo, renacer. Aprender a disfrutar, luchar y seguir dando un paso adelante cada día para vivir esta nueva vida que D—s me ha dado.

Comenzar a sanar no es en línea recta, es un camino desordenado e impredecible. Algunos días son más que difíciles, para mí, esos son días en los que tengo dolor, todavía sufro mucho de dolor en el brazo derecho. A veces me duele tanto, que necesito acostarme y encontrar una distracción para mantener mi mente enfocada en otra cosa. En estos momentos, trato de no tomar decisiones ni de hablar con mi familia, porque sé que no estoy siendo objetiva. Estoy consumida por el dolor, todavía me estoy curando, incluso en estos momentos.

Y a pesar de todo eso, vale la pena vivir cada día.

CAPÍTULO 17
El camino correcto

Hay dos maneras de difundir la luz:
ser la vela o el espejo que la refleja
Edith Wharton

Me acaban de hacer otra cirugía en el brazo porque todavía tengo mucho dolor. Es una sensación de ardor en la punta del muñón. Cada vez que voy a cirugía encuentran algo diferente, están tratando de enterrar los nervios en el hueso o en los músculos, para que dejen de disparar dolor hacia la punta. Cada cirugía dura entre cinco y seis horas, pero me dejan volver a casa después de unos días.

Con cada cirugía, mi brazo cambia, porque mueve y reacomodan los músculos. Así que ahora la mano protésica ya no me queda, para solucionarlo, tengo que volver con el doctor de prótesis y empezar desde cero.

Dentro de unas semanas, iremos para allá para hacer mantenimiento en mis piernas, lo hacemos cada seis meses. En cuanto a mi mano, no estoy segura de cuándo volveré a hacerlo.

Estoy pensando en no usarla más, en realidad, es más lo que me incomoda que lo que me ayuda. Y pienso que de igual forma todo el mundo sabe que tengo una mano protésica, ¿de qué sirve?

Aunque todavía tengo dolor, estoy decidida a disfrutar la vida al máximo. La gente me pregunta que cómo me siento, pero generalmente sólo los más cercanos a mí, como mis papás o Sofy, saben que todavía siento dolor, algunos días son peores que otros. El dolor casi siempre aumenta por la noche. A veces siento como si mi brazo ardiera, como si estuviera en llamas. Desearía, sólo por un día, poder decirle a Sammy y a mi gente cercana que estoy bien, que no tengo ningún dolor y que ya terminé con las cirugías.

Me gusta dar pláticas o conferencias de motivación en diferentes escuelas. Lo hago principalmente para estudiantes de secundaria y preparatoria, cada vez que me paro frente a una multitud poco a poco, agarro más confianza.

Al principio, me ponía muy nerviosa, hasta el punto en el que mi mente se quedaba en blanco y no sabía qué decir. Lo peor fue durante la pandemia de COVID. Tenía muchas invitaciones para hablar, y de pronto, me tocaba contar mi historia a través de Zoom, YouTube o Instagram.

La virtualidad no es lo mismo que hablarle a una multitud en persona, disfruto conectar con la gente, pero cuando es por internet se siente impersonal.

Me encantan las preguntas que hacen los niños, su aceptación de casi cualquier cosa, hace que sea más fácil hablar con ellos que con los adultos.

Por lo general, hacen preguntas como:

—¿Hay algo que no puedas hacer?

—¿Fue doloroso comenzar a usar las prótesis?

—¿Es verdad que puedes manejar?

La pregunta que más me gusta es:

—¿Cómo puedes sentirte tan feliz todo el tiempo?

Es verdad, me siento feliz todo el tiempo. Se siente... antinatural, puedo imaginar a la gente pensando: ¿Por qué diablos está tan feliz esta mujer?

Me sorprende que la vida nunca deja de darnos oportunidades para construirnos a pesar de las circunstancias inesperadas. La vida es como un espejo, si sonríes te devuelve la sonrisa. ¿No crees?

Cumpliré 40 años pronto, estoy muy emocionada porque mis amigas y yo vamos a ir a Disney World. Somos seis, cada una muy diferente de la otra, pero juntas formamos un grupo increíble. Siempre nos divertimos mucho. Nos estamos yendo de viaje para mi cumpleaños, así que quería hacer algo especial para ellas, y estoy preparando algunas sorpresas, como por ejemplo el hotel, ese será mi regalo.

Durante una semana antes de nuestro viaje les envío paquetes especiales. Un día les mando una camiseta con un mensaje personalizado. Otro día una bolsa personalizada. Otro día un *cupcake* de Mickey Mousse, quiero que se emocionen. No es que no estén entusiasmadas antes de recibir los regalos, pero quiero hacerlo aún más especial. Para el viaje en avión, les daré una bolsa con desayuno, y para el hotel, tenía planeadas diferentes actividades para cada noche.

Nuestro día de viaje finalmente llega, es emocionante. Mientras estoy bañándome, no dejo de pensar en los próximos días. No puedo creer que después de estar tan enferma, tenga la oportunidad de viajar con mis amigas, Significa que estoy bien, que estoy sanando y creciendo, que tal vez pueda sentirme lo suficientemente cómoda como para no depender de Sammy todo el tiempo.

Además, esta es la primera vez en la que viajamos juntas desde que mi amiga Alice y yo nos enfermamos. Las seis nos la vamos a pasar increíble.

La emoción es evidente cuando nos encontramos en el aeropuerto. Vivir la vida al máximo significa viajar con tus amigas a Disney, incluso si tienes 40 años.

Cuando llegamos a Orlando, salimos a comer algo y luego nos vamos al hotel, abro la puerta, y lo primero que veo es un arreglo floral de Sammy que dice: "Feliz cumpleaños, te amo."

Una sonrisa se dibuja en mis labios, ponemos música en el cuarto y comenzamos a desempacar.

Al día siguiente arrancamos a las ocho. Me preguntan si necesito ayuda para bañarme o para vestirme. Puedo hacer algunas cosas por mí misma. Sólo necesito que me ayuden a abotonar mis jeans, amarrar mis zapatos y ponerme el cabello en una cola de caballo.

Luego nos vamos a pasar el día en Magic Kingdom. Me emociona mucho estar con ellas. Es como si me sintiera más liviana, me rio de todo. Estamos usando las camisetas que les envié. Cuando la gente nos mira, simplemente sonríen y dicen: "Parece que se la están pasando súper bien."

Alguien me dijo una vez que lo que requiere el mayor esfuerzo del mundo es ser feliz. Es cierto 100%, pero con estas amigas, no representa ningún esfuerzo. La felicidad viene de una forma tan natural, que se vuelve contagiosa.

Subimos a otra atracción, nos acomodamos en un carro, tres de nosotras en la parte de adelante y tres en la parte de atrás. Acelera de inmediato, alternando maniobras de un lado a otro, empujándonos por el aire, abrazando curvas y ladeándose en ángulos de 50 grados, Volvemos a ser niñas, hablando, riendo y llorando de alegría. Pero, de repente, el carro va muy rápido, demasiado rápido, y pasa por una pista con un cartel que indica 65 millas por hora. En ese preciso momento, la atracción se empieza a frenar y nuestro carro se detiene por completo. Estamos sentadas en una curva, colgadas completamente de lado y aparentemente no iremos a ninguna parte por un buen rato.

Al principio nos preocupamos, es obvio que esto no es parte de la atracción. Nos miramos y nos aseguramos de que todas estamos bien. Nos quedamos en silencio durante un minuto, de pronto, explotamos de risa. Ver a nuestro grupo colgado completamente de lado, con el pelo de punta, y la sangre subiendo a nuestras cabezas, es demasiado divertido como para no reírse. Lo juro que en mi vida nunca me había reído tanto.

Ese momento significó mucho para mí, estábamos en manos de la atracción del parque de diversiones, colgadas y esperando a que lo arreglaran, nunca dudamos que nos bajarían. Podríamos haber entrado en pánico, podríamos haberlo visto como un problema. En cambio, encontramos la alegría del momento, la magia de las situaciones inesperadas que se te presentan en la vida. Elegimos reír. Elegimos ver lo chistoso. Se trata de más que un simple momento, se trata de las personas que quieres a tu lado y de la vida que elegimos llevar.

Pasamos el viaje entero hablando, riendo y sonriendo hasta de las cosas más bobas. Tanto así que cuando volvimos a casa, nos dolía la cara de tanto reírnos.

Ese increíble sentimiento se queda conmigo mucho después de regresar de nuestro viaje. No nos dimos cuenta de que estábamos creando recuerdos para toda la vida, pero sabíamos que estábamos viviendo nuestra vida al máximo.

De eso es lo que se trata, de amigos y de familia, y yo tengo a los mejores a mi alrededor, cuando pones a seis personas completamente diferentes en una mesa, automáticamente suceden cosas entretenidas.

Creo que pasamos la mayor parte del tiempo buscando el significado de la vida. Pensando en la próxima casa, el próximo viaje, el próximo trabajo, y cuando finalmente tenemos esas cosas, descubrimos que estamos vacíos y seguimos buscando, la vida entera, algo que estuvo frente a nosotros todo el tiempo.

El hecho de que pude pasar un buen rato, a pesar de mis desafíos físicos, es un gran logro. Hacerlo me demostró que puedo vivir como yo quiera vivir, me enseñó que yo soy responsable de mi propia felicidad, y esta depende únicamente de las elecciones que yo quiero tomar.

Me siento increíblemente bendecida por mi grupo de amigas, siempre están ahí para mí, independientemente de las circunstancias, con ellas me siento libre, me cuidan de una manera muy especial. Me echan miradas rápidas, para comprobar si puedo hacer las cosas por mi cuenta o si necesito ayuda, cuando es así, se ofrecen al instante, pero nunca me hacen sentir incómoda o inútil. Por esto, y tantas cosas más, las amo con todo el corazón. Han sido una parte muy importante de mi recuperación, algo en lo que nunca antes había pensado. Sabía que tenía buenas amigas antes de mis problemas de salud, pero solía darlas por sentado, di por sentado que me podía llegar a doler la cara de lo mucho que me hacen reír, y de que nos divertimos sin hacer nada en especial. Ahora puedo decir que estoy más que agradecida por ellas, por su amistad y por el gran papel que juegan en mi vida.

Siempre habrá personas en nuestra vida que nos ayuden, que nos amen tal como somos, esas son mis amigas, podrían pensar que me estoy divirtiendo mucho con ellas, como cualquier otra persona, pero me doy cuenta de que poder sonreír, reír y sentirme amada, es fundamental cuando intentas reconstruirte.

Cuando miro mis cicatrices y la forma en que está mi cuerpo ahora, generalmente tengo que sentarme por un minuto y pensar en lo que sucedió en los últimos años, las etapas críticas en las que me encontré. Pienso en los muchos obstáculos que tuve que superar para llevar mi vida al punto en el que me encuentro ahora. Me siento orgullosa de mí misma, de la forma en la que he sido capaz de levantarme del suelo una y otra vez, de recuperarme de momentos difíciles que cambiaron no sólo mi ser físico, sino también la forma en la que veo la vida.

No me siento físicamente bonita, eso sigue siendo un proceso.

Tuve que adaptarme a cosas que la gente nunca podría imaginar, por ejemplo, lo que como. No puedo comer lo que sea. Tengo que pensar, *¿puedo sostenerlo yo misma? ¿Cómo me lo comeré? ¿Puedo usar un tenedor? ¿Podré cortar la comida en trozos?* He tenido que cambiar mi dieta para comer lo que me resulte más fácil de manejar. Cuando voy a un restaurante, pienso, *¿quepo alrededor de la mesa? ¿Hay suficiente espacio para entrar y salir fácilmente con mis prótesis o me quedaré atorada?* Por lo general, trato de pensar en esos detalles con anticipación, para tener un plan listo, así, llegado el momento, sé lo que tendría que hacer.

Recuerdo una vez que Sammy me preguntó si había cosas de las que me privaba, le dije:

—Por supuesto, pero está bien, no me importa, prefiero adaptarme a lo que sí puedo comer y que la gente no tenga que cortarme la comida.

Me frustraba mucho cuando me tenían que dar de comer en la boca, Sammy se sintió mal cuando respondí directamente a su pregunta porque siempre se esfuerza para estar ahí para mí, en todos los sentidos, pero es la verdad. No quiero mentirle.

Recuerdo una época en la que me dolió el brazo durante todo un mes, fue tal el sufrimiento, que tuve que suplicarle a la doctora para que me operara.

El dolor era insoportable, la doctora me recetó todos los medicamentos posibles para controlar el dolor, pero nada funcionó, ella me había hecho una cirugía hacía siete meses, y no entendía por qué creía necesitar cirugía nuevamente, pensaba que no era necesario, pero yo sentía un dolor insoportable.

Sabía que necesitaba la cirugía, he sentido este dolor muchas veces, y la única forma en la que desaparece, es sacando el neuroma en la parte inferior del brazo mediante cirugía. Sammy y yo estuvimos en el consultorio de la doctora durante varias horas tratando de convencerla de que realmente necesitaba la cirugía. Era imposible vivir con ese dolor, no quería vivir así, no quería siquiera existir así.

Sammy

El dolor es un enemigo común para la gente, pero para nosotros es peor que la Kryptonita. Es nuestro veneno, siempre tuvimos suficiente energía para luchar y hacer las cosas, pero el dolor que siente Ronit en los nervios del brazo, es un gran desafío y consume la mayor parte de nuestra energía. Después de tantas cirugías, sentí que estábamos llegando a alguna parte, pero un día, de la nada, el dolor se dispara nuevamente, lo que resulta en otro viaje de emergencia. Esta vez la doctora no quiere operar, pero estoy seguro de que la cirugía es necesaria. ¿Por qué no la quiere hacer?

Es casi como si pudiera sentir el dolor de Ronit, sé dónde comienza, y dónde termina. No estoy seguro de cómo lo sé, pero puedo sentirlo, hemos compartido un vínculo inexplicable a lo largo de este viaje.

Estamos tratando de explicarle a la doctora, de convencerla, pero es como hablar con una pared, pasan las horas y todavía estamos tratando de encontrar una manera para aliviar su dolor.

Es entonces cuando la calma abandona mi cuerpo, miro a la doctora directamente a los ojos y le digo:

—No me iré hasta que encontremos una solución, esto no es algo que ella esté inventando, esto no sólo vive en su mente, esto es físico.

Ronit está llorando, siente tanto dolor, que no puede ni hablar.

Mi voz es severa, tal vez incluso áspera, aunque trato de mantenerme cordial, creo que la doctora pronto se da cuenta de que esto está fuera de su alcance, por lo que se comunica con el médico principal, que es quien dirige el expediente en general.

El médico llega cinco minutos después, examina el brazo de Ronit y dice:

—Necesitamos operar, hay otro neuroma.

Exactamente cinco horas y cinco minutos después, salimos del hospital con una fecha para la cirugía: aliviados, exhaustos, felices, satisfechos y frustrados. ¿Me falta listar algún sentimiento más?

Después de tres días, realizaron la cirugía y el dolor se disipó dramáticamente.

La razón por la que comparto esta experiencia en particular, es porque luchar por uno mismo y por tu vida, es un proceso que nunca debe detenerse.

Me encanta esta frase de Kirill Korshikov: "Nunca dejes de aprender, porque la vida nunca deja de enseñar".

Cada día viene con su propio conjunto de desafíos, algunos días puede ser tu cuerpo, otros tu mente, y a veces, incluso algunos que te golpean el alma, pero el deseo de ser o hacerlo mejor, nunca debe detenerse.

Cada vez que creo que alcancé mi meta, D—s me envía otra prueba para ver si realmente lo logré, y mientras aterrizo en el lugar donde quiero estar, integro las lecciones que aprendí en el camino. Él sigue poniéndome a prueba, a veces, las cosas que más duelen, esconden las mejores lecciones.

Cada vez que eso sucede, podría quejarme de la carga en las lecciones, de la agonía del desafío, o podría decir:

—Por esto soy mejor persona y de eso se trata la vida.

Decidí alegrarme por mis bendiciones, no centrarme en mis problemas, eso me ayuda a pensar más allá de si puedo comer sola, o lo que no puedo usar, o lo que no puedo hacer.

Comienzo a fijarme metas diarias, ya sea en el gimnasio, en la casa o en un simple paseo por el centro comercial.

CAPÍTULO 18
Alegría

Los cambios más increíbles ocurren
en tu vida cuando decides tomar control
de aquello sobre lo cual tienes poder,
en lugar de querer controlar aquello
que no puedes

Steve Maraboli

Es increíble que lo que antes parecía una tragedia, ahora lo veo como un regalo, y ha sido un regalo, porque lo que me pasó nos dio la oportunidad de construir una nueva relación, con momentos que nunca hubiéramos vivido si nuestras vidas no hubiesen cambiado. Esos momentos nos han enseñado a cuidarnos de formas diferentes, más profundas, a conocernos mejor, a anticiparnos a lo que cada uno necesita y a estar inexplicablemente conectados a través del corazón y el alma.

Nunca me imaginé que Sammy podría compartir su fuerza conmigo, y cuidar de mí de una manera tan desinteresada y cariñosa.

Recuerdo hace casi ocho años cuando lloré con Sammy en esa habitación de hotel. Mi mayor preocupación era ser una carga para él, ahora entiendo lo que quiso decir ese día. Cuando haces las cosas con amor, cuando pones el corazón en ello, todo cambia.

Es por lo que sucedió, que pude ver su verdadera bondad, me mostró no sólo cómo es el amor incondicional, sino también cómo se siente. La palabra *gracias* me parece demasiado pequeña cada vez que la digo, ni siquiera comienza a cubrir la gratitud que siento por él, por amarme de la forma en la que lo hace.

Siempre me digo, *las cosas se pusieron aterradoras, pero él nunca se acobardó.*

Cuando las cosas se ponen difíciles, me deja llorar, pero no me deja quedarme en el fondo por mucho tiempo, con su amor sobreviví los momentos más duros de mi vida.

Él me ayuda constantemente a seguir adelante.

A veces permitimos que ciertas personas nos ayuden a superar cambios dolorosos. Estoy segura de una cosa: quiero seguir cambiando, por mi familia pero sobre todo, quiero hacerlo por mí.

Esta es nuestra vida, tiene sus altibajos como todo matrimonio, sin embargo, no podría estar más orgullosa de aquello en lo que nos hemos convertido. Siempre he compartido mi corazón con Sammy, pero esa noche, en la habitación del hotel, se lo entregué por completo, me abrí y lloré con él, ya no sólo compartimos el amor del uno por el otro, y por nuestros hijos, sino que también compartimos el dolor, la tristeza y la pena por lo que hemos vivido. Supe en ese momento, cuando finalmente permití que cayeran todas las lágrimas que había resistido durante tanto tiempo que, sin duda, cuando y donde lo necesitara, él estaría ahí para mí.

Sammy es la única persona que me ve, comparte, disfruta y celebra estos momentos conmigo, cuando estoy en mi punto más alto y en el más bajo. Él sabe lo que pienso antes de que lo diga, entiende mi dolor, no sólo me protege físicamente, sino que protege las partes invisibles de mí: mis sentimientos, mi estado de ánimo y mi corazón.

Una vez más, ¿qué palabra puedo usar para envolver esto? *Gracias* no es suficiente. ¿Cómo puedo expresar la gratitud que siento al ser amada por él?

Nunca me hubiera imaginado que algún día estaría agradecida por la forma en la que cambió mi vida, es raro escribirlo, no es que me guste no tener manos y pies, pero el resultado es tan positivo, que estoy agradecida por las oportunidades que me ha brindado, incluida la de ser testigo de este lado de Sammy. Ni cuando nuestros cuatro hijos nacieron lo vi comportarse tan tierno, tan dulce, tan sobreprotector.

Él tiene el gran don de amar y, sin embargo, es humilde, no hay forma de que lo hubiera podido hacer sin él. Aun así, no tiene idea de lo especial que es, deseo que mis hijos incorporen estas cualidades en sus propias vidas, y se conviertan en personas con un corazón y un carácter similar al de Sammy.

Hay cosas que me preocupan y trato de evitar pasar demasiado tiempo pensándolas. ¿Cómo será nuestra vida cuando seamos mayores? ¿Podré entrar en mis piernas prostéticas?

Estoy segura de que las cosas van a ser más difíciles de lo que son ahora, es posible que necesitemos una enfermera para que me cuide, porque Sammy será demasiado mayor para seguir ayudándome. ¿Cómo nos mantendremos al día de mi medicación? Estas son preguntas importantes que hacer y espero que algún día tengamos respuestas, a veces siento que la gente piensa que estoy loca. Me dicen que no debo preocuparme por eso… ¿Qué gano con preocuparme?

Estoy de acuerdo, si me concentro en lo desconocido, la preocupación podría convertirse en pánico, me quitaría cualquier alegría de vivir plenamente el momento presente, me robaría el regalo de vivir cada día y me robaría el regalo de vivir cada día. Tendemos a rechazar los pensamientos sobre el futuro, que llegará tarde o temprano, ¿cierto? No podemos pasar el presente tratando de controlar lo que está por venir, si lo hacemos, nos quedamos estancados en un lugar insalubre de falsa certeza, que rápidamente se convierte en miedo, preocupación y tristeza.

Muy seguido recuerdo la primera vez que pude ir a una piscina desde que me enfermé. Estaba en la casa de mi papá en Cancún, me sumergí en el agua y luego floté. Me sentí libre por primera vez, fue una libertad interior que había perdido. Recuerdo haber pensado que necesitaba estar completamente presente, sentir el agua, permitir que las olas me inundaran.

Acepta lo que ha pasado, Ronit. Aprecia dónde estás en este mismo momento, valora lo que tienes, no te detengas en lo que no.

En ese momento descubrí algo importante: Iba a apreciar la vida. Iba a vivir, vivir de verdad, disfrutar plenamente cada minuto, las lecciones y los regalos que la vida me traería. Abriría mi corazón y mi mente a lo que estaba por venir. Recuerdo haberme preguntado: *¿Por qué la gente tiende a abrazar sus cicatrices más que su curación?*

Preocuparse es algo que elegimos hacer, y por lo tanto, es algo que creamos, la vida pasa rápido y no debemos perder el tiempo preocupándonos por el futuro. No todos nuestros días son perfectos, no todos los días terminan con una sonrisa. Me refiero a que la vida no está llena de días soleados, pero creo que está en nuestras manos de qué queremos llenar nuestro corazón cada día cuando nos vamos a la cama. Depende de nosotros, al final de cada noche, decidir cómo ver lo que sucedió en nuestro día, yo elijo ver lo bueno, elijo recordar lo bueno. Y es por eso que debemos atesorar cada segundo que pasamos, especialmente con los más cercanos a nosotros, con los que amamos. Eso he aprendido, los altibajos, las cosas que me gustan y las que no. No se trata de lo que me ha pasado, se trata de cómo elijo hacer frente a lo que me ha sucedido. Cada momento, y cada experiencia, me hacen ser quien soy. Vivo con este impulso de querer afectar la vida de las personas para mejor.

Me pregunto: *¿Tengo lo que se necesita para hacer una diferencia? ¿Puede alguien tan poco importante como yo hacer una diferencia en el mundo?*

Mi papá un día me dijo el:

—Me encanta la relación que tenemos ahora. Me gusta hablar contigo por teléfono. ¿Recuerdas cómo solíamos pelear antes? Nunca estuvimos de acuerdo en nada cuando eras más chica. Constantemente peleábamos por todo, y ahora tenemos la mejor relación del mundo. Fue muy duro para mí aceptar lo que te pasó cuando te enfermaste. Como padre es sumamente difícil aceptar que tu hija está enferma, que ha cambiado, pero ahora sólo te veo con amor y admiración. La forma en la que vives tu vida, la forma en la que luchas por la vida, el valor, la paciencia y la perseverancia que tienes para salir adelante, y la sonrisa constante que llevas para tu familia, amigos, para los doctores y para los que te rodean... ¡Siempre ayudando y dando lo mejor de ti! Gracias, Ronit, por enseñarme a vivir la vida de verdad.

Cuando alguien dice algo así, especialmente cuando te lo dice tu papá, te deja marcada. Sólo puedo ver lo bueno que salió de lo malo. ¿Cómo no estar agradecida por el efecto que ha tenido en nosotros? Tenemos la oportunidad de ser mejores, de dar un significado más profundo a nuestras vidas y apreciar todo desde una nueva perspectiva. Aprendí personalmente otra forma de vivir, y no sólo estar en el mundo. Me considero más fuerte, transformada, más agradecida por la vida de lo que pensé que fuera posible.

No sé qué me pasó mientras dormía anoche, pero ahora me siento diferente: más liviana, más feliz, más tolerante, más confiada. Es raro, no estoy segura de cómo describirlo. Me siento sola en el sillón de mi balcón, y trato de pensar en por qué tengo este repentino cambio interno.

¿Qué tiene de diferente hoy a los días anteriores? No hice nada distinto, pero me siento completa.
¿Será posible que finalmente estoy aceptando mi cuerpo?

Siempre hay un momento clave que nos define como individuos, estoy 100% segura de que el mío fue hoy, el día que decidí aceptar mi cuerpo.
Gracias, D—s. por permitirme sentir este amor extremo. Gracias por mi vida y por la capacidad de poder aceptarla finalmente como es. Ahora sé que la libertad está en aceptar lo que tienes. He abierto mi corazón para descubrir los milagros que existen, para ti D—s, la palabra gracias nunca será suficiente.

Poco a poco estoy empezando a aceptar no sólo mi cuerpo, sino también mis prótesis, por mucho que me disgusten, no tengo otra opción, y poco a poco se están convirtiendo en una parte esencial de mi cuerpo.
Una de las cosas más incómodas de tener prótesis es tener que vestirme, es como tener un accesorio feo y además permanente. Todo lo que usas tiene que hacer juego con ese accesorio, y a veces se ve horrible.

Trato de no preocuparme tanto cuando la gente me mira, salgo sin mi prótesis de mano. Uso una falda o pantalones cortos en público, lo que generalmente hace que la gente se quede mirando mis brazos o piernas. A veces es extremadamente incómodo, pero mantengo la frente en alto. La forma en la que me veo a mí misma, es como la gente me va a mirar. Así que tengo que liberarme del prejuicio, aceptándome y amándome verdaderamente por lo que realmente soy.

Además, las mejores cosas de la vida no son fáciles, incluso muchas veces son dolorosas, pero eso hace que el momento de llegar a ese destino final sea mucho más dulce, incluso precioso. He aprendido que nadie es perfecto, y estoy aprendiendo a encontrar fuerza y a levantarme del suelo cuando me caigo, y a abrazar mi propio futuro desconocido. Lo que te define en la vida no es lo fuerte que caes, lo que finalmente te define, es lo que haces a continuación, cómo resurges y decides abordar tus desafíos, una y otra vez.

Hace unos meses me invitaron a participar en una exposición de mujeres llamada *The Bold Beauty Project* [3]. Recuerdo que esa fue la primera vez que no sólo acepté mi cuerpo, sino que me sentí linda físicamente.

Bold Beauty Project es una exhibición de arte que celebra la vida de mujeres con distintas discapacidades. Una exhibición de fotos, tomadas por fotógrafos reconocidos, que van alineadas con la historia de esas mujeres, dan un vistazo profundo a lo que ellas en verdad son. Esta exhibición exalta la diversidad en la belleza que se puede ver en cada una.

Fue una gran experiencia formar parte de *Bold Beauty Project*, me brindó la oportunidad de sentirme hermosa nuevamente. Me enseñó que no hay limitaciones a lo que una mujer con discapacidades puede hacer. Ya sé que no soy una mujer normal, y que no me veo como tal, pero en esta ocasión tuve la oportunidad de estar en control de cómo quiero que la gente me vea.

Me involucré en la visión creativa del proyecto, y fue una oportunidad única, porque existen personas que no pueden asociar la belleza con las discapacidades. La gran pregunta que me hicieron fue:

—¿Cómo te defines a ti misma?

Y esa pregunta significó un gran capítulo para la aceptación y la celebración de mi vida. Sé que mi vida no se va liberar del dolor de forma milagrosa, ni de la desesperanza, la pena o los momentos incómodos.

¿Quiero vivir? ¿Quiero tener una vida plenamente feliz?

Sí, por supuesto que sí.

---

3 www.boldbeautyproject.com/portfolio-item/ronit-mezrahi/

He decidido crear una vida maravillosa, tengo tanto…, una hermosa familia y amigos, y quiero hacer lo que esté a mi alcance para estar ahí para ellos. Me estoy convirtiendo en una persona nueva, con más fuerza y determinación para crear una vida significativa. La gente me pregunta de dónde saco fuerza, la verdad es que creo que la fuerza viene en formas diferentes, pero esencialmente, viene de adentro. Nada de lo externo importa, a menos que estés en paz con quien te estás convirtiendo.

Para mí, la fe que siento en el corazón es indiscutiblemente la guía más importante, y siento que sin ella no sería capaz de hacer lo que estoy haciendo. Lo que creemos afecta nuestras decisiones, nuestras acciones y nuestras vidas. Posteriormente, estas creencias afectan los caminos que tomamos.

Quiero luchar con todas mis fuerzas para que la gente NO sienta lástima por mí. Ese es el peor sentimiento, y no lo voy a permitir. No dejaré que la gente tenga poder sobre mí a causa de mi discapacidad, no quiero que me roben la paz con su lástima o pena. Y para eso tendré que trabajar en fortalecerme desde adentro.

El mejor camino que puedes seguir en el mundo es ser feliz. Cuando estás feliz, tu día realmente se ilumina, la luz llega de maneras nuevas e inesperadas. Los rincones oscuros que pensabas que siempre estarían ahí, se sienten mejor, se sienten más livianos. Quiero ayudar compartiendo mi historia, quiero ser un ejemplo para mis hijos, y aprovechar cada segundo de mi vida, cada atisbo de oportunidad para ser feliz, atesorarlo y sonreír con el corazón entero.

Recuerdo esa vez que Sammy y yo fuimos otra boda en Acapulco, cuando llegamos, la ceremonia estaba a punto de comenzar, era junto a un acantilado, justo al lado del mar. Tuvimos que caminar cuesta abajo por lo que parecían más de mil escalones. Estaba concentrada, tratando de ser cuidadosa para llegar al lugar al que me dirigía, cuando llegamos, miramos hacia arriba y nos dimos cuenta de que más de 100 personas nos estaban viendo.

Nos miramos el uno al otro y nos sentimos avergonzados por la cantidad de ojos que nos observaban, nunca nos había visto tanta gente al mismo tiempo, esta vez se sintió diferente a cuando habíamos hablado frente a una multitud de personas.

Encontramos dos asientos vacíos y nos sentamos justo cuando comenzaba la ceremonia, la multitud pronto creció en tamaño, entre todos sumaba alrededor de 400 personas. En la recepción, se comenzó a llenar la pista de baile, la gente nunca, y cuando digo nunca, quiero decir *nunca*, dejó de mirarme.

Al principio intentaron mirar a otro lado cuando veían que yo lo notaba. pero a medida que la noche avanzó, la gente se volvió menos tímida y me lanzaban miradas abiertamente.

A decir verdad, sólo quería pasar un buen rato con Sammy, mucha gente se acercó a nosotros, diciéndonos cuánto nos admiraba. También tenían preguntas:

—¿Cómo eres capaz de vivir tu vida así con tanta alegría? ¡Es asombroso!

Muchos continuaron diciendo que somos una gran lección de vida.

No tuve que decir nada, mi gratitud y alegría se mostraron a través de los simples actos de bailar, sonreír y vivir, y bajar mil escalones. Llevaba un vestido rojo con escote en V, el vestido me llegaba hasta las rodillas, y la gente podía ver mis piernas con las prótesis exhibidas por completo.

Un hombre se nos acercó y dijo:

—¡*Wow*!, ¿puedo abrazarte?, luego quiso abrazar a Sammy, nos hizo reír.

Continuamos bailando, pero el señor volvió y dijo:

—Quisiera convertirte en una muñequita y llevarte a casa conmigo, de esa manera podría mirarte todos los días y me ayudarías a recordar ser agradecido y disfrutar la vida al máximo.

Les juro que ha sido uno de los momentos más divertidos, nadie me había dicho nunca eso de convertirme en una muñeca.

Esa noche me trajo alegría, una vez más me afirmaron que todavía puedo sentirme bonita, divertirme, y sobre todo, tener un impacto positivo en quienes me rodean.

Muchas veces tenemos motivos para estar agradecidos, para ver lo que tenemos, pero no nos tomamos el tiempo para reconocerlo, en vez, dejamos pasar el tiempo. No quiero vivir de esa manera, elijo no vivir de esa manera, pretendo buscar la magia en cada momento.

Como dice el dicho: *"La felicidad es un viaje, no un destino"*.

Es una forma de vivir, para fortalecer a otros, aprovechar al máximo cada día, cada minuto, cada segundo. Es un trabajo duro, no voy a endulzarlo, pero vale la pena, dedicarte a ser feliz requiere de esfuerzo. A veces incluso puede parecer agotador, pero créeme que vale la pena. Ser feliz significa que vivirás una vida extraordinaria. Cuando doy un paso atrás y veo la imagen completa, puedo ver que lo que me sucedió fue el comienzo del próximo momento hermoso que estaba por venir.

CAPÍTULO 19
Esplendor

Deja que tu sonrisa cambie el mundo,
pero no dejes que el mundo cambie tu sonrisa

Connor Franta

En 2019, el rabino Anidjar me invitó a dar otra conferencia en México, dice que la gente necesita ver lo que me ha pasado desde la última vez que me vieron la primera vez en octubre de 2014.

Bueno, han pasado muchas cosas, apenas me reconozco, imagina cómo me verán ellos. Hace mucho tiempo que quería volver, pero el mes pasado me hicieron otra cirugía en el brazo, y eso hace que sea difícil planificar eventos con anticipación. Eso sin contar los días en los que el dolor no me deja dormir, o cuando tengo que detenerme por completo porque el dolor me vuelve loca. En general, puedo manejarlo, pero cuando es constante y dura varios días, me golpea fuerte.

Ahora estamos viajando a México, mañana estoy invitada a hablar en tres escuelas y a la gran conferencia con el rabino. Estoy emocionada, me encanta cómo piensan los adolescentes, no se cuestionan ni se abstienen de preguntar directamente lo que les pasa por la cabeza, su mentalidad es diferente a la de los adultos. Su aceptación de casi cualquier cosa hace que sea más fácil hablar con ellos. ven las cosas de una forma más sencilla que los adultos, así que a veces prefiero hablar con ellos.

Al empezar la conferencia, me acerco al gran escenario que se asoma detrás de la multitud, y empiezo a saludar, es gracioso, es exactamente el mismo escenario en el que estuve la primera vez que hablé en público cinco años atrás. Es un gran centro comunitario, apuesto que hay más de mil asientos, y todos están ocupados. Empiezo a ponerme nerviosa, pero instantáneamente recuerdo por qué estoy aquí, mi historia puede ayudar a las demás personas.

¿Cuál es el punto de guardarlo para mí? ¿Por qué no compartir mi historia y las lecciones que he aprendido? Si dejo pasar esta oportunidad sin decir nada, no estaría haciendo mi parte. ¿Qué pasa si puedo ayudar a otros a crear más oportunidades para crecer y crear cambios positivos, para soportar los capítulos más difíciles de la vida y experimentar la vida con más pasión y alegría?

La mayoría de las veces en las que hablo en público, me hacen una pregunta en particular:

—¿No estabas deprimida o enojada cuando te despertaste y te dijeron que perdiste las piernas y las manos?

Jamás me sentí deprimida, al principio, cuando abrí los ojos por primera vez, inmediatamente sentí agradecimiento por estar viva. Luché por sobrevivir, cada momento era tan difícil, que nunca tuve la oportunidad de deprimirme. Si lo hubiera hecho, me hubiera quedado sin energía para seguir luchando.

—Si pudieras retroceder en el tiempo y ver lo que iba a pasar, ¿qué consejo darías?

Esa es otra pregunta que me hacen seguido, y yo contesto sin lugar a dudas: Sé agradecido y aprovecha al máximo cada minuto, empezando ahora mismo. Haz que cada día sea tu día favorito, tener más cosas no te hará feliz, pero apreciar lo ya que tienes sí te da felicidad.

Hoy puedo decir con sinceridad que no cambiaría nada, no cambiaría ninguna de las luchas, porque todas esas piezas me han llevado adonde estoy ahora.

Sammy

El viaje a México que acabamos de hacer fue una experiencia increíble. Una cosa es hacer una gran presentación, pero otra es tocar el corazón de tantos jóvenes, y eso es exactamente lo que hizo Ronit cuando compartió su historia. Es simplemente asombrosa. Al final de cada presentación, me siento y observo cómo la gente quiere acercarse a mi esposa, para sentir su calidez. Le agradecen, le dan abrazos cariñosos, algunas niñas incluso sonríen y lloran al mismo tiempo. Verla en el escenario con tanta energía, luciendo radiante y positiva, significa mucho para mí.

Al final, todo salió perfecto en la conferencia. Muchas personas se me acercaron y me dijeron que me veo muy bien, saludable y feliz, me dijeron que me admiran, y compartieron conmigo cómo mi historia tocó positivamente sus vidas.

Estoy muy feliz por haber podido hablar en esta conferencia por segunda vez, dar me hace sentir que estoy viviendo.

Me siento agradecida de muchas maneras: por la oportunidad de tocar los corazones de las personas, sus mensajes y palabras significan más de lo que puedo expresar, me dan fuerza y me mantienen queriendo ser mejor.

Entonces, cuando la gente me pregunta:

—¿Cómo puedes estar agradecida, cuando pasaste por tanto sufrimiento?

—Mira a tu alrededor —respondo—. Seguro tienes mil cosas por las que estar agradecido, sólo necesitas verlo y dar unos pasos hacia adelante, pero con gratitud siempre guiando tu camino.

Recuerdo haber pensado: *¿Cómo voy a poder decir gracias y mostrarle a D—s mi gratitud?*

Después de pasar mucho tiempo pensando, decidí que D—s no merece palabras, merece acciones, por eso decidí que le iba a pagar con una sonrisa, una gran sonrisa que la gente pueda ver, y que sientan la enorme gratitud que llevo conmigo.

Estamos viendo un partido de béisbol en la televisión cuando mi hijo Jacky me dice:

—¿No extrañas jugar béisbol?

Lo miro a los ojos y le respondo:

—No tienes idea de cuánto, una de las cosas que más extraño físicamente es jugar béisbol con ustedes.

Era algo que solíamos hacer juntos, Sammy, Jacky, Joseph y yo, les enseñé a mis dos hijos a jugar y sonrío con orgullo cada vez que los veo jugar.

—Mami, bajemos al parque e intentemos lanzar algunas bolas de nuevo —sugiere.

—Tendré que practicar lanzar la bola con la mano izquierda —respondo—. Y ten en cuenta que tengo media mano.

No quiero decirles a Sammy y a mis hijos que no sé cómo hacer algo. De todas maneras no me creen, están acostumbrados a yo que averigüe cómo resuelva, haciendo que funcione de una forma u otra, así que tendré que aprender a hacer las cosas de manera diferente con el béisbol también.

—Mami sé lo que estás pensando, seguro que te estás diciendo algo como: "¿No ven que no tengo manos?", pero incluso con media mano estoy seguro de que puedes hacerlo —dice Jacky.

No puedo jugar softbol, pero Jacky no lo ve así.

—Lo intentaremos —me dice y sin esperar mi reacción, continúa diciendo—. ¡Vamos al parque, ma! Vamos a probar diferentes técnicas.

Iba a hacer mi mejor esfuerzo, lo que no sabía, era si iba a poder lanzar una pelota, lo hice después de unos veinte intentos, y cuando finalmente lo logré, todos saltaron y me abrazaron, pensé que el béisbol iba a ser algo que tendría que dejar atrás, un pasatiempo que no podría disfrutar, sin embargo descubro que estaba equivocada. Claro, fue más desafiante (¿cómo se juega béisbol sin las cuatro extremidades?), pero lo hice. ¡Lo hicimos juntos! Los obstáculos en nuestra vida pueden hacer una de dos cosas: obligarnos a rendirnos u obligarnos a ser creativos y hacerlo de todas formas. Por eso trato de no pensar en las limitaciones, las barreras detrás de las cuales uno podría esconderse fácilmente, trato de no dejar que la vida me deprima, para mí la vida es un regalo, y uno muy especial.

Tuve la oportunidad de volver a esquiar en nieve, me asusté, solía esquiar muy bien, pero, por supuesto, con las prótesis y sin mano, iba a ser un desafío extremo aunque me considero una persona que lucha, me encanta afrontar nuevos retos y conquistarlos.

Vestirme con ropa de nieve fue una tarea enorme, así como ponerme los esquíes. Montarme a la silla para subir la montaña, me puso muy nerviosa, ir cuesta abajo sin que mi cuerpo responda como antes lo hacía, era casi imposible, pero me las arreglé para hacerlo, y después de una semana, pude esquiar de nuevo. Todos nos cuestionábamos si podría hacerlo, no sabíamos si sería posible, pero lo hice. Honestamente, no sé si voy a intentar esquiar de nuevo en el futuro, pero valió la pena hacerlo, al menos para demostrarme a mí misma que podía.

Desde que me enfermé por primera vez, he realizado muchos viajes médicos, pero ahora que estoy un poco más estable podemos volver a tener vacaciones en familia. Hemos viajado en cruceros a Alaska y las Bahamas, hemos estado en Mykonos, donde me lancé de clavado desde un yate al mar, fui a Las Vegas con mis amigas, he estado en Cancún, Disney World, Israel, Londres, Boston (para muchos juegos de la NFL) y Snowmass, Colorado, para esquiar.

Cada uno de estos viajes ha valido la pena al 100%. A decir verdad, nunca pensé que iba a poder vivir mi vida como una persona normal, pero estos viajes demostraron que estaba equivocada. El cielo es el límite (como siempre dice mi hermana Tali) y si quieres dar un salto de fe, primero tienes que creer en ti misma.

Tendemos a pasar por alto nuestra felicidad, o a posponerla: Viajaremos más tarde, nos relajaremos después, trabajaremos en nuestros objetivos en un rato. Los rechazamos, creyendo que más tarde significa que será más fácil, mejor o incluso encontraremos más felicidad, pero no puedes esperar a que llegue el momento perfecto, el momento perfecto ni siquiera existe, a veces tienes que ir por tus metas y elegir divertirte y apreciar cada momento en el camino, para mí el momento perfecto, es el que te toca vivir en ese mismo segundo.

Un día, mientras caminaba por el campus de la universidad de mi hijo Jacky, una mujer se me acercó hablando en hebreo, no tengo idea de lo que estaba diciendo, porque lamentablemente no hablo el idioma.

—Por favor, ¿hablas inglés? —le pregunté.

—Te he estado observando durante los últimos 15 minutos —respondió rápidamente—, tengo que decirte que tienes la fuerza de un león, eres una leona, estoy asombrada por la forma en que abrazas tu vida. —Y continuó soltando comentarios por el estilo, como si estuvieran grabados en piedra—. No tengo palabras para expresar la admiración que te tengo. Iluminas el mundo. ¡Mira tu sonrisa! Este mundo necesita más personas felices que compartan su luz.

Estaba aturdida. *¿Acaso conozco a esta mujer? ¿Ella me conoce de alguna parte?*

Me pregunté, *¿Cómo es posible que tanta belleza en mi vida provenga de lo que me falta?*

Mi sufrimiento me ha moldeado en la mujer que soy ahora, soy una mejor persona por lo que me ha pasado. Es gracias a que sobreviví, que tuve la oportunidad de transformarme en esta nueva versión de mí misma, estoy agradecida por las lecciones que sigo aprendiendo en el camino.

Las palabras de la mujer se han quedado conmigo hasta el día de hoy, vivo mi vida con un efecto amplificador, no sólo para mí, sino también para las personas que de alguna manera, se ven afectadas al verme seguir adelante.

Siempre he sido yo, pero ahora soy Ronit 2.0.

Cada día me hago más fuerte y tengo más determinación, continuamente estoy pensando si, *mientras mayor sea nuestra capacidad para tolerar el dolor, mayor será nuestra capacidad para sentir la alegría. ¿Será que tiene que ver una cosa con la otra?*, ahora siento que tengo una capacidad profunda para sentir alegría.

Para ser honesta, la mayoría de las veces no veo lo que la gente ve, estoy enfocada en vivir mi vida, así que, cuando las personas se acercan y comparten su perspectiva, me halaga, me obliga a detenerme y a darme cuenta de ver en quién me estoy convirtiendo, que estoy haciendo el cambio positivo que siempre quise hacer en este mundo. No quiero que la gente me recuerde por mis desafíos. Sí, suceden, y sí, me impactan, pero no son a lo que me quiero aferrar, porque aquello a lo que nos aferramos se convierte en nuestra historia, sólo tenemos una historia de vida, y estoy decidida a que la mía sea una historia increíble.

Depende de mí hacer que mi vida sea mejor cada día, algunos días se sienten más oscuros, como cuando el sol está tapado por las nubes, incluso cuando eso sucede, sé que el sol está allí, aunque en ese preciso momento, esté escondido.

A veces tengo puesta una máscara que hace que parezca que estoy bien, pero hay muchos días en los que lucho, en los que me siento completamente exhausta y frustrada. Por otra parte, hay momentos en los que elijo no ver mis días como batallas, sino como oportunidades para crecer. Es fácil pensar que nuestros desafíos son cargas, pero en realidad creo que son oportunidades para guiarnos a un lugar mejor, si los aceptamos como tales.

Trato de concentrar mi fuerza en las cosas por las que vale la pena luchar y me aseguro de estar en terreno firme antes de tomar una decisión. Así es, yo elijo mis batallas, algunos momentos pueden parecer que duran para siempre, especialmente cuando siento dolor, pero he aprendido que pase lo que pase, esos momentos siempre pasan.

La vida no es fácil para muchas personas, todos tenemos desafíos, y nos enfrentamos a la adversidad, pero es cómo superamos esas adversidades lo que nos hace ser quienes somos, y cuando hay oscuridad a nuestro alrededor es cuando más fe necesitamos tener.

Hace unos meses, fui a un concurso de canto comunitario para niños en Panamá, el hijo de mi amiga Sharon estaba participando, ellos son como nuestra familia, así que fuimos a apoyarlo.

Justo antes de que el niño empezara a cantar, le preguntaron a quién le dedicaba su canción.

Yo estaba sentada en mi silla del teatro justo frente al escenario, lista para filmarlo con mi celular, cuando respondió:

—Le dedico esta canción a la amiga de mi mamá, Ronit, porque ella nos ha enseñado a nunca darnos por vencidos.

Les juro que cuando lo escuché, quise subir corriendo al escenario y darle un enorme abrazo. Su mamá no sabía que iba a dedicarme la canción, nadie lo sabía. Todos me miraron mientras las lágrimas llenaban mis ojos. ¿Cómo un niño de 12 años puede darse cuenta de cuánto he luchado, tratando de vivir estos últimos años? ¿Cómo puedo ser un ejemplo para él?

En ese momento me di cuenta de que todo lo que hago, y lo que he hecho, lo notan los que me rodean, incluso cuando creo que no están mirando, incluso si no hablamos de eso, se dan cuenta. Me ven esforzándome por vivir plenamente y sin límites, y sin siquiera intentarlo, he afectado para bien la vida de las personas a mi alrededor.

A veces tenemos que saltar algunos obstáculos, que se levantan como muros, pero en realidad son limitaciones que te hemos puesto, al final tienes la opción de llegar adónde queramos, y vale la pena intentarlo.

Siento que la gente piensa que no soy normal, incluso a veces parezco loca, dada mi actitud ante las situaciones cotidianas. Algunos piensan que no me tomo la vida en serio. ¿Cómo puedo entrar a cirugías tan seguido y hacer bromas sobre mi cuerpo?

Una vez me caí en mi casa, era domingo por la mañana, generalmente un momento tranquilo en casa, estaba en la sala, cuando tropecé y aterricé en el suelo, fue una dura caída, inmediatamente evalué mi cuerpo, gracias a D—s no me había lastimado gravemente. Sin embargo, tenía mucho dolor, al principio no podía pararme, así que comencé a pedir ayuda. Nadie respondió, giré para ver a mi perro, mi supuesto "perro de servicio", que recibió entrenamiento, pero no cuando era lo suficientemente joven, por lo que sus reacciones no siempre son las más útiles, el perro me miraba desde la distancia y podría jurar que se estaba riendo de mí.

¿Qué hice? Me acosté en el suelo y comencé a reírme.

He aprendido muchas cosas a lo largo de este viaje, como por ejemplo, cuándo tomar las cosas en serio, cuándo respirar hondo y cuándo simplemente reír. La gente me pregunta: "¿Cómo puedes vivir reaccionando de esta manera?"

La realidad es que trato de encontrar una cosa que me haga sonreír a diario, una cosa, puede ser grande, como el amor que comparto con mi familia y amigos, o puede ser pequeña, como mi perro mirándome, preguntándose qué está pasando.

Sólo tendrás alegría en tu vida si primero permites que la alegría viva dentro de ti, y este mundo definitivamente necesita más personas felices.

Tampoco es que esté fingiendo, no ha sido fácil, pero me he dado cuenta de que una sola emoción negativa puede acabar con mil positivas. El miedo es poderoso y se mete en todas y cada una de tus grietas, si lo permites. La vida es difícil, así que elijo no darle espacio al miedo. Si no trato de vivir mis días de esta manera, todo se volvería demasiado difícil de soportar, me deprimiría y no me motivaría a levantarme de la cama. Elijo ver lo bueno, e irme a dormir con lo bueno.

Así es como veo mi historia: un día los doctores le dijeron a mi familia que tenía menos del 2% de posibilidades de sobrevivir, que no tenía futuro. Luego viajamos por un largo camino lleno de giros y vueltas, obstáculos y baches. Ahora, finalmente llegamos a un punto en el que puedo aceptar mi vida tal como es, aceptarme tal como soy. Cuando miro hacia atrás, ese mismo camino desordenado, oscuro y peligroso parece lleno de esperanza, potencial, y empoderamiento. Eso es lo que sucede cuando eliges vivir, en vez de sufrir.

cuando cambias tu perspectiva, cambia lo que ves. Y no se trata sólo del destino, sino del viaje en sí, ahora puedo elegir sentir alegría, incluso cuando los tiempos son difíciles.

Y claro, esa soy yo, pero ¿qué pasa con los que me rodean? ¿Qué pasa con mis hijos? Bueno, en primer lugar, son los mejores seres humanos que podría haber pedido en esta vida, en segundo lugar, aprendieron a atraparme, antes de que me cayera, e incluso si me caigo, siempre dicen: ¡Arriba!

Extienden sus manos y sus corazones para levantarme y para así seguir moviéndonos hacia adelante, juntos, como un equipo.

Tenemos que aprender de alguna manera a desapegarnos de las cosas, desprendernos de los obstáculos, del dolor, de los desafíos, de la preocupación. Incluso tenemos que desapegarnos de los resultados por los que nos esforzamos, de lo contrario, no podríamos obtener una vista completa del panorama. Es a través del desapego que somos capaces de ver lo que estamos experimentando. Si tenemos miedo al dolor o a ser vulnerables, perdemos de vista lo que realmente está pasando, y lo que podemos ver y aprender en el proceso.

Ojalá pudiéramos darnos cuenta, y apreciar cada momento, cada oportunidad que tenemos para valorar las cosas que son realmente importantes en nuestras vidas. Si lo hacemos, viviremos plenamente y probablemente la vida, y el camino resultarán aún más hermosos de lo que esperamos.

Nuestro dolor nos enseña las mayores lecciones, nos da perspectiva y significado, brinda oportunidades para encontrar nuestra propia fuerza y propósitos, eso es lo que estoy haciendo ahora, pasando por el proceso de la vida junto a ti, sólo recuerda detenerte y buscar la magia que existe en los pequeños momentos.

CAPÍTULO 20
La felicidad verdadera

Las preocupaciones terminan
cuando la gratitud comienza

Neale Donald Walsh

Después de más de 50 cirugías que me han hecho, en los últimos ocho años, muchas de ellas por mi pie, que finalmente fue amputado, y 15 de ellas específicamente en el brazo derecho, me detuve a preguntarme:

¿Por qué sobreviví?
¿Cuál es el propósito de la vida?
¿Qué sentido puedo sacar de mi sufrimiento?

Recuerdo haber tenido estas preguntas cuando me desperté, y llegué a la conclusión de que tenía que haber una buena razón detrás.
Me pregunté, *si esto no me hubiera pasado, ¿tendría la misma fe que tengo ahora? ¿Seguiría siendo tan fuerte y tendría los mismos valores, la misma alegría con la que vivo el día de hoy?*

Ahora sé que mi cuerpo es fuerte y que puedo manejar el dolor. ¿Qué pasa con el aspecto emocional? Siento como si me subí en un tren que me llevó a experimentar todas las emociones posibles que un ser humano puede llegar a conocer.
¿Todavía me frustro? Constantemente.
¿Sigo recibiendo miradas en la calle? Todos los días.
¿Todavía tengo momentos intensos? Muy seguido.
Estoy segura que siempre tendré que vivir momentos difíciles.
Pero depende de mí cómo decido reaccionar ante estas situaciones.

Ha sido un largo, largo viaje para llegar al punto en el que estoy hoy, física y psicológicamente. Lo que pasé fue la experiencia más desafiante de mi vida, perder mis piernas y manos ha sido un desafío que nunca anticipé vivir. Trabajé muy duro cuando enfrenté estos momentos devastadores, pero hoy puedo decir que estoy orgullosa de mí misma por lo que he podido lograr durante estos ocho años.

Cuando miro hacia atrás, el tiempo que ha pasado, puedo decir que me siento feliz y más que satisfecha con mi vida, me siento bendecida, tengo mucho amor, y eso lo vale todo.

Pero lo que más agradezco es haber recibido el regalo de ver las partes buenas, los aspectos positivos, las bendiciones, en lugar de las cosas negativas. Nunca me he enojado con D—s por lo que pasó, puedo decir: Gracias D—s por darme la oportunidad de permanecer en este mundo, de aceptar mi cuerpo y mi vida tal como son en este mismo momento, y sobre todo, gracias por caminar conmigo de la mano en cada paso del camino y permitirme ser fuerte.

Lo que más me sorprende es que cuando pienso en mi historia, muy seguido me sorprendo reflexionando acerca de que lo que me pasó, fue enorme! Pero cuando veo fotos de momentos pasados, como cuando fui a Filadelfia para que me pusieran mi primera prótesis de la pierna o cuando estaba en el hospital en México, me quedo asombrada, no entiendo cómo pude lograr sonreír en esos momento. Aunque sentía dolor, o me recuperaba de una cirugía o simplemente estaba sobreviviendo a la etapa más difícil de mi vida, lo sorprendente es ver que en todo momento tenía una gran sonrisa en la cara, a pesar de lo que estaba pasando. ¿Cómo fue posible? ¿Cómo pude sonreír? ¿Cómo hice para elegir ser feliz?

Compartir mi historia cambió lo que me pasó, no exactamente lo que sucedió, eso nunca cambiará, pero cómo respondí. Lo que hice y logré hacer con todo esto.

Al final, la forma en la que reflexionamos sobre nuestras experiencias es siempre única y nuestra. Todo sucede por una razón, pero es posible que no siempre la veamos y entendamos desde el principio, lo que elijo hacer es buscar razones para estar agradecida, y más que eso, me esfuerzo por crear momentos de gratitud.

Quiero seguir sacando lo mejor de lo que se me da, quiero valorar cada segundo de mi vida, ser una bendición y ejemplo para quienes están a mi lado, ser la mejor versión de mí misma y compartir mi felicidad, porque lo mejor de este viaje es saber que soy completamente feliz en mi mente, en mi cuerpo, en mi alma y en mi corazón.

Si me preguntas cómo lo hice, cómo sobreviví a lo que me pasó, cómo sigo eligiendo vivir plenamente, diría que todo se reduce a una palabra: gratitud.

Alguien me dijo una vez:

—¿Sabes lo que realmente significa el éxito? El éxito se define cuando eres capaz de despertar y sentir gratitud.

Cuando el rabino Anidjar vino a visitarme al hospital cuando recién desperté del coma, dijo algo que ha quedado grabado en mi mente para siempre:
—Ronit, en esta vida puedes elegir entre ser una mariposa o ser una mosca. Puedes elegir ser una mosca y estar rodeada de basura, o puedes elegir ser una mariposa y estar rodeada de flores, dependerá de ti cuál quieres ser.
Hay algo mágico en la transformación de una oruga a una mariposa, su metamorfosis es una metáfora del renacimiento, de la reconstrucción y, al igual que la naturaleza, a veces tenemos que pasar por la oscuridad para convertirnos en algo aún más hermoso.

Cuando pienso en mi vida antes de enfermarme, vivía como una oruga, casi como si mi vida estuviera por llegar a su punto máximo, como si pudiera haber llegado a un límite. En cambio, pasé por una oscuridad mágica para renacer, como una mariposa. Alguien podría ver fácilmente el resultado final, y no detenerse a pensar en los pequeños momentos que se sumaron a un cambio tan grande, y así es como me siento sobre quién soy ahora: pequeños momentos que se sumaron a esta hermosa y nueva etapa, tal vez incluso una nueva historia de vida.

Ser capaz de realmente vivir, es el regalo más increíble que me puedo dar, al hacerlo, honro a las personas que amo y honro el regalo que D—s me dio al permitirme continuar. Muy seguido recuerdo los momentos más felices de mi vida y me pregunto, ¿cómo alguien como yo puede recibir tal bendición?
Una de las lecciones más importantes que aprendí al escribir este libro, es que la vida no se trata del final, sino de los capítulos intermedios. El relleno de nuestros capítulos intermedios que escribimos para contar nuestras experiencias, y la reacción de la gente ante mi historia es lo que me mantiene en marcha.
Saber que gracias a que comparto mi historia tengo el poder de ayudar a alguien, no tiene precio, pero este poder no viene solo, el día de hoy sé cuál es la razón de por la cual D-s me permitió seguir cerca de ustedes, y de una cosa estoy segura, voy a seguir honrando esa responsabilidad con todo mi ser.
Todavía estoy escribiendo mi propia historia y la mejor parte es que yo decido cómo quiero que sea. Nadie más está escribiendo la historia de mi vida excepto D—s y yo.

Yo decidí hace mucho tiempo que quería ser una mariposa.

Lo que me pasó en el pasado no fue el final. En realidad, todo lo contrario. Fue un nuevo comienzo.

Algunas historias son difíciles de creer. Algunas tratan sobre la supervivencia o la búsqueda de la alegría.

Mi historia trata de como utilicé lo que me tocó vivir y como ser lo suficientemente valiente para compartir mi historia con el mundo.

No puedes verme ahora, pero en este momento estoy sonriendo. Una gran sonrisa, porque esta es mi parte favorita del libro. La parte en la que puedo dar las gracias a todas las personas increíbles que ayudaron a hacer posible este libro que cuenta una parte mi vida. Esta historia no es solo mía, también pertenece a las personas que me rodean, las personas que creen en mí, que confían en mí y me ayudan a saber que puedo marcar la diferencia.

Para todos ustedes (ustedes saben quiénes son), aquellos que me aman y pudieron compartir este increíble viaje conmigo, la palabra gracias no se siente lo suficientemente grande. Creo que nunca será suficiente.

Pero gracias, desde el fondo de mi corazón, por ser parte de mi vida
y por ayudarme siempre a elegir ser una mariposa.

Agradecimientos

Antes que nada le doy las gracias, D—s, por la enorme bendición de permitirme permanecer en este mundo, cerca de mi familia, y por permitirme apoyarme en ellos para obtener la fuerza para seguir luchando. Lo que más amo es tenerte a mi lado en cada momento de mi vida. Gracias por la fe que has impregnado en mí, porque sin ella jamás hubiera sido posible salir adelante.

A Sammy, mi querido esposo. Gracias por compartir esta vida conmigo, por sostener mi mano en los momentos más oscuros. Has dedicado tu vida a mí y a nuestros hijos para que tengamos la mejor vida posible. Gracias por amarme de la forma en la que lo haces y, sin palabras, comprender mi mente, mis sentimientos, y mi corazón.

A mis hijos, Jacky, Joseph, Raquel y Ariela, ustedes fueron y seguirán siendo siempre mi razón para luchar. Gracias por poner sus vidas en pausa por mí. Gracias por su paciencia, comprensión y por anticiparse siempre a mis necesidades. Nunca duden de que son esenciales para mi existencia.

A mi papá y a mi mamá. No puedo imaginar tener que haber pasado por algo tan desafiante como lo que ustedes vivieron como padres. Les agradezco enormemente por sobrevivir y superar con éxito esta etapa tan difícil de nuestras vidas. Gracias por su amor, y por estar siempre ahí para mí y para mi familia.

A mi suegra, Tita, no puedo agradecerte lo suficiente por ser uno de los mayores apoyos en mi vida, por dejar atrás tu vida en Panamá, para venir a cuidar mis hijos cuando yo no podía hacerlo, y por seguir haciéndolo hasta el día de hoy. La palabra "gracias" nunca será suficiente para expresar lo que siento por ti. Eres una persona demasiado importante en mi vida.

A mis hermanas, Carla y Tali, su apoyo significó muchísimo para mí. Gracias por su amor y por estar ahí para Sammy y para mí cuando más lo necesitábamos, las adoro.

Gracias a todos nuestros familiares y amigos que estuvieron presentes, tanto en Panamá como en México. Su ayuda fue realmente valiosa.

A mis amigas Sofy, Sharon, Alexis, Hila, Miriam, Alice y Loraine, gracias por ser como hermanas para mí. Estoy agradecida por la amistad, por hacerme reír cada vez que estamos juntas, por hacerme sentir que soy físicamente normal (no mentalmente) y capaz de cualquier cosa.

A Gil, gracias por luchar con tanta fuerza por mí, incluso cuando las probabilidades estaban en nuestra contra. ¡Eres el mejor tío y doctor del mundo!

A Jessica Raijman tu amabilidad y profesionalismo destacan la maravillosa persona que eres. Agradezco y valoro mucho tu ayuda y orientación, trabajar contigo ha sido una experiencia increíble.

Daniela Sasson, y Sharon Atri. Gracias por compartir sus conocimientos, su tiempo e ideas conmigo. Sus puntos de vista y perspectivas han enriquecido las páginas de este libro.
Sharon, este viaje no hubiera sido lo mismo sin ti. Eres verdaderamente una parte fundamental de esta historia y has compartido conmigo los momentos más cruciales de mi vida. Desde el día que comenzó esta travesía llevándome al hospital, hasta compartir conmigo la alegría de lanzar este libro. Ya sea detrás de páginas o en persona, gracias por estar siempre para mí.

Gracias a mis primeras lectores, Nicole y Jenny por compartir conmigo su valioso tiempo, sugerencias y comentarios

Muchas gracias a Esther Zebede y Glory Setton por la portada más hermosa. Le dieron mucho valor al libro. Me siento honrada por haber tenido la oportunidad de trabajar con personas tan talentosas como ustedes.

A Miguel Ángel Gracias por tu profesionalismo y disposición, tu trato humano marca la diferencia.

Ashley por haberme ayudado a armar este proyecto cuando aún era un sueño.

A José Bográn por su trabajo lingüístico y excelencia.

Shajar por su trabajo en marketing.

Elias y Jacobo por cuidarme legalmente.

Finalmente, quiero expresar mi gratitud a ti, mi querido lector, espero que hayas disfrutado leer sobre mi vuelo. Rezo con todo mi corazón para que siempre llenes tu vida de momentos maravillosos.
Cuando decimos gracias, recordamos que se nos ha dado algo de valor. Tú, querido lector, me has ayudado a creer que puedo hacer todo lo que me proponga; me has ayudado a lograr lo que una vez pensé que era imposible; ustedes son los que me inspiraran para seguir adelante.

El acto de escribir mis pensamientos fue aterrador, me sentí vulnerable cuando elegí compartir mis experiencias en público, pero he descubierto que este tipo de valor siempre es recompensado, he estado viviendo en un estado de gratitud durante mi proceso. Es un sentimiento indescriptible saber que has tocado la vida de alguien, tal vez incluso cambiado un poco o simplemente haber hecho un recordatorio para que se pregunten a sí mismos:

¿Soy lo suficientemente feliz?

¿Amo lo suficiente?

¿Me rio lo suficiente?

¿Hago lo mejor que puedo?

¿Hice de hoy un día épico?

Me siento humilde y eternamente agradecida,

RONIT CHERNITZKY

Ronit Chernitzky, nacida en México,
ahora reside en Panamá con su esposo,
cuatro hijos y tres perros.
Ella cree que todos pueden encontrar
una manera de contribuir a un mundo
mejor, independientemente de sus
propias circunstancias.
Eso le dio la confianza en sí misma
que necesitaba para crecer
y le dio el poder para compartir
su historia.

Si quieres seguir siendo parte de mi viaje, sígueme en Instagram
@Ronit_do_epic

Cartas de nuestros seres queridos

Querida Ronit;

Posiblemente no recuerdes ni siquiera quien soy, pero anoche estuve viendo un video del Rab. Anidjar sobre el agradecimiento y que contenía tu historia.

Después de verlo, solamente se me vino a la mente un pensamiento: WAW RONIT, QUE MUJER!

Discúlpame que me tome el atrevimiento de escribirte pero sentí la obligación de yo agradecerte a ti personalmente, tu historia no solamente toco mi corazón si no que me cambiaste mi visión hacia la vida, mi perspectiva, mis metas, mis prioridades, mi conexión con Hashem, todo.

Eres un modelo a seguir, y te puedo asegurar que es por personas como tu razones por la cual se mantiene el mundo tan maravilloso de Hashem. Me has demostrado que muchas veces la vida te puede cambiar en cuestiones de microsegundos, nuestras vidas pueden tener instantáneamente u giro de 360 grados; pero esta en la persona aceptar esos cambios, sacarle provecho, buscar el lado positivo y tener fe; o simplemente decidir ser negativo y hechar a perder la vida.

La manera que ves las cosas, la claridad de tus prioridad, tu AGRADECIMIENTO continuo hacia a Hashem son virtudes y cualidades de admirar que nos las pose cualquier persona y que tenemos que aprender de ti, por que solo con ellas lograremos salir victoriosos de este mundo y tener la preparación necesaria para el Mundo Venidero (BH pronto).

Cualquiera cosa que te diga o escriba es poco e insignificante comparado con lo que has pasado, pero necesito decirte que Te felicito, que te admito, que estoy orgulloso de ti, que quisiera cultivar las cualidades que llevas en ti, que quiero aprender de ti; eres maravillosa!

Estoy seguro y tengo plena fe de que d--s hace todo con un propósito positivo para nosotros (aunque muchas veces no lo podamos comprender), todo es parte de su plan maestro, nada es casualidad, nada simplemente sucede. Pero así mismo d--s sabe las personas que nos tiene que poner en el camino para sobrepasar estos retos, por ejemplo, tu esposo; Waw Benporat Yosef que clase de persona tan positiva, a tu lado en todo momento, apoyándote, teniendo fe en ti y en Hashem; es increible! Son de ambos de admirar.

Deseo de todo corazón que BH solamente vean alegrías en sus vidas, bendiciones, exceso de Salud, bienestar, felicidad, parnasa, sabiduría, torah, fuerzas, energía y todo lo que sus corazones deseen.

Tal y como dijo Rab. Anidjar; eres tu quien tiene el Sejut de bendecirnos a nosotros, a todos.

Pasar una prueba de Hashem no es fácil, tienes mucha fuerza, nunca la pierdas porque ella en conjunto principalmente con la bendición de Hashem te Iteraran siempre al éxito.

Te admiro, te felicito, y te reitero que eres un ejemplo a seguir para la humanidad.

Gracias por ayudarme a recordar la importancia de agradecer continuamente a Hashem, and for not taking anything for granted.

Tal y como dice tu esposo: Vamos Siempre hacia Adelante con la Beraja de Hashem!

Un fuerte Abrazo;
Michael J. Homsany Btesh

Queridos Ronit y Samito,

Van dos veces que sus Mail simplemente me deja muda.......
Yo se que ya les habrán dado muchas palabras, yo sólo les quiero decir humildemente lo que mi corazón siente
Primero no puedo expresarles la alegría que sentimos al saber que Ronit salió ayer del hospital, nuestro agradecimiento a Hashem es infinito
Ronit, yo no se como expresarte lo que sentí cuando te vi, no encuentro las palabras adecuadas para decirte la admiración que siento, la luz que emanas, eres una guerrera, una luchadora, a veces uno conoce a las personas pero no se imagina la fuerza interior que tienen, tu integridad y fuerza son indescriptibles así como tu belleza interior y dulzura, te deseo Ronit que nunca faltes en tu casa, que tengas una pronta y excelente recuperación.

Con amor;
Heidi

Gracias querida Ronit, gracias por ser un ejemplo para todo el mundo, gracias por tus fuerzas, gracias por tu alegria!
Gracias por tu EMUNA y tu amor incondicional a Hashem...
Gracias por que por ti...por verte y escucharte hemos aprendido a ver la vida de otra manera.
Gracias porque tu fuerza, nos da fuerza.
Y gracias porque por tu enorme Kidush Hashem estas acercando la llegada del Mashiaj!!
¡¡Qué Hashem te bendiga!!
¡¡Que Beezrat Hashem sigas enalteciendo Su Nombre y que siempre estés feliz alrededor de todos los que te queremos!!
¡Que tengas refua y que pronto estés en Panamá haciendo tu vida con tu familia!
Y a Sammy...¡wow ! Igual de especial que su mujer!

Linda Tawil

Querida y extranada Ronit
En realidad todo el tiempo estas en mi corazón y siempre estuve por escribirte y no se por que no lo hice hasta hoy.
Lo que me hizo despertar fue el video que vi en el que hablaron tu esposo y tu en el shiur del Rav Anidjar.
Fue un video en el que cualquiera que lo viese aunque no los conociese se sacudía de emuna y lloraba de agradecimiento a Hashem y aun mas conociéndolos. Me movieron y me hicieron temblar por la fuerza de emuna, por el verdadero emet, por la sinceridad de tus palabras, por la firmeza y el entendimiento que todo es bueno, y por la lucha atrás de la luz.
Gracias!! Gracias por ensenarme a agradecer, a ver siempre la claridad y la mano de Hashem que es tan benévola, a sentir el amor de Hashem y querer sentir su cercanía.
Gracias por fortalecerme y por ser como son.
Te extraño desde el primer momento en que te enfermaste y pedimos a Hashem por tu recuperación y te cuento que este año abriremos la carrera de chef en mayo en la universidad Midrasha con tu ayuda al programa de estudios. Imaginate canto te tengo presente y te echo de menos.

Como están en Mexico? Como están tu hijos? Se adaptaron un poquito?
Esperando que tu recuperación sea rápida y que pronto nos encontremos

Un beso y gracias
Sima

Hola sammy !!!
Me da mucho gusto y mucha alegría que estemos a en un proceso de
recuperación, te digo estemos porque hemos vivido intensamente con
ustedes esta difícil etapa done por fin se ve la luz al final del túnel,
ya que aunque no sabíamos hasta done podíamos involucrarnos o de que
otra manera podíamos apoyarlos, nuestro corazón tefilot y deseo de poder
hacer algo más, todos los días estaba presente. Llevándonos nuestras
lecciones y aprendizajes también de aprovechar cada minuto, y viendo la
presencia de h en cada paso o decisión que tomaban o cada día que pasaba.
Ojalá que este proceso que sigue sea mucho más fácil, ligero y rápido de lo
que se imaginan.
Nuevamente quisiera pedirte que nos tomes en cuenta y decirte que
tenemos un gran deseo de poder apoyar o aligerar su estancia aquí a cada
uno de la familia con lo que nos digan, ya que en muchas ocasiones no
queremos que se sientan ni presionados ni con el compromiso de cumplir
con nadie. Si no lo que mejor les acomode y les convenga a ustedes.
Me dio mucha alegría recibir este Mail porque logran transmitir esta
actitud y positivismo que tienen para enfrentar la recuperación.
Te repito que estamos aquí esperando que nos den la oportunidad de poder
hacer algo más y poder aprovecharlos que están acá.
Les deseamos REFUA SHLEMA y puras cosas buenas y dulces para el
futuro.

Con mucho cariño
Daniela y Salo Hamui y familia

Queridos Samy y Rujama Ronit: acabo de leer el mail que mandó Samy,
y quiero decirles que qué bueno que esto no es papel porque les hubiera
llegado muy mojado ya que me tome un buen rato de gozar las lágrimas
de felicidad y agradecimiento a Dios por el milagro tan grande que hizo
no sólo con ustedes pues esto ha sido algo que nos ha tocado el alma a
todos! Hoy confirmo más que; nada es imposible mientras la fe existe.

Tengo en mi mente grabado cuando decías Samy : yo le canto todos los
días a Ronit esperando que despierte y me diga: ya Samuel cantas muy
feo!!!!
Hoy seguramente le encantara oírte!!!
Espero q esta carta la lean los 2
Porque te quiero decir a ti Rujama Ronit que aunque estoy segura que
tú lo sabes tienes un esposo con un alma y un amor tan especial hacia ti
que hace mucho que no veía yo en alguien!
El amor, el cariño y cuidado en cada paso en cada plegaria, en sus ojos
en la esperanza que cada día luchaba por no perder, el cansancio que
ignoraba, contenerse no perder el control no perder la fe no me dejan más
que admirarlo! Entiendo que todavía hay camino por recorrer pero estoy
segura que con la unión de ustedes como pareja tan ejemplar lo podrán
superar día a día. Así que a partir de hoy les deseo que todo sea en su vida
puros éxitos buena salud, muchas alegrías y que gocen ver crecer a sus
hijos juntos y se sientan orgullosos de ellos!
Hemos visto muchos milagros estos días pero para mi el que estén juntos
nuevamente ha sido uno de los mayores!!

Jana cherem

Queridos Sammy y Rujama Ronit, estan en mis tefilot y mi corazón,
así como en el de muchas personas a quien han tocado, de una manera
u otra.
En el colegio todas estamos siempre pendientes y rogando tener a
nuestra amorosa amiga en los pasillos, y gozar de su dulzura.
Le rogamos a H que los cuide siempre y estamos aquí para lo que
necesiten.
Besos a nuestra Raquelita también por favor
Con muchísimo carino y agradecimiento a H.

Raquel Angel

Tengo mucha suerte de estar rodeada de una gran cantidad de personas influyentes en mi vida. Alguien que realmente me ha influenciado en los últimos años ha sido mi tía Ronit. Los últimos años no solo cambiaron su vida, sino también la vida de todos los que la rodean. Hace siete años se enfermó y para sobrevivir, los médicos tuvieron que amputarle algunas de sus extremidades. Ahora tiene piernas y un brazo protésico, pero eso nunca ha sido un obstáculo para ella. Hace de todo, desde escribir, pintar, practicar deportes, nadar, cocinar y hornear, hasta correr y manejar. Mi tía Ronit tiene la forma más admirable de ver la vida y de hacer todo lo que hace. Actualmente está escribiendo un libro sobre su historia y las lecciones que ha aprendido de sus experiencias, que se lanzará pronto y sin duda influirá en la vida de todos sus lectores. Dato curioso: yo no sabía cómo usar palitos de sushi hasta hace unos meses que ella me enseñó cómo usarlos. Mi tía Ronit me ha enseñado que todo es posible y que no debemos ver los desafíos de la vida como obstáculos, sino como oportunidades. Ella ve cada día como un milagro y nos enseña a todos cómo disfrutar la vida al máximo, en cualquier condición en la que nos encontremos. Ella es una de las influencias más grandes y poderosas que he tenido en mi vida y tengo una suerte increíble de tenerla. Con el tema de la clase de estar agradecidos por nuestras partes del cuerpo, ella dice que no solo está agradecida por todas las partes del cuerpo y los sentidos que tiene, sino que también está extremadamente agradecida con H' por darle la oportunidad de tener prótesis y poder hacer lo que necesite hacer en su vida diaria.

Milly Atri
(Trabajo para Stern University)

Lo acabamos de escuchar Alon y yo.
Perdón la hora pero necesitaba escribir esto ahora mismo.
Recuerdo con tanta claridad ese día que llegaste a iae, creo q martes, a recoger a Raquel y me tope contigo en la columna rosada q hay afuera de los salones de kinder, y me dijiste, Sami esta de viaje y los niños están enfermos y que tu te sentías terrible, fatal. Nunca te había visto así.
De ahí a enterarnos que te indujeron a coma y al resto de los acontecimientos.
Cada día te admiro más, puedo escuchar tu historia antes, ahora o en años, en persona o en diferentes foros y seguirás siendo tan auténtica y tan genuina como tu sola puedes ser.

Eres una inspiración diaria, minuto a minuto, paso a paso, dejas una estela inalcanzable y te rodea el halo de la Shejina, que no Suelta tu mano en ningún instante y te hace transitar por senderos que muy pocos pueden conocer.
H Te Bendiga y Guarde Rujama Ronit bat Adina.
BH Te esperan a ti y a Sammy, millones de " jews najes" de toda vuestra descendencia, encaminada y fructífera en el derej de nuestra Tora Kdosha
Te quiero mucho

Mora Yolanda

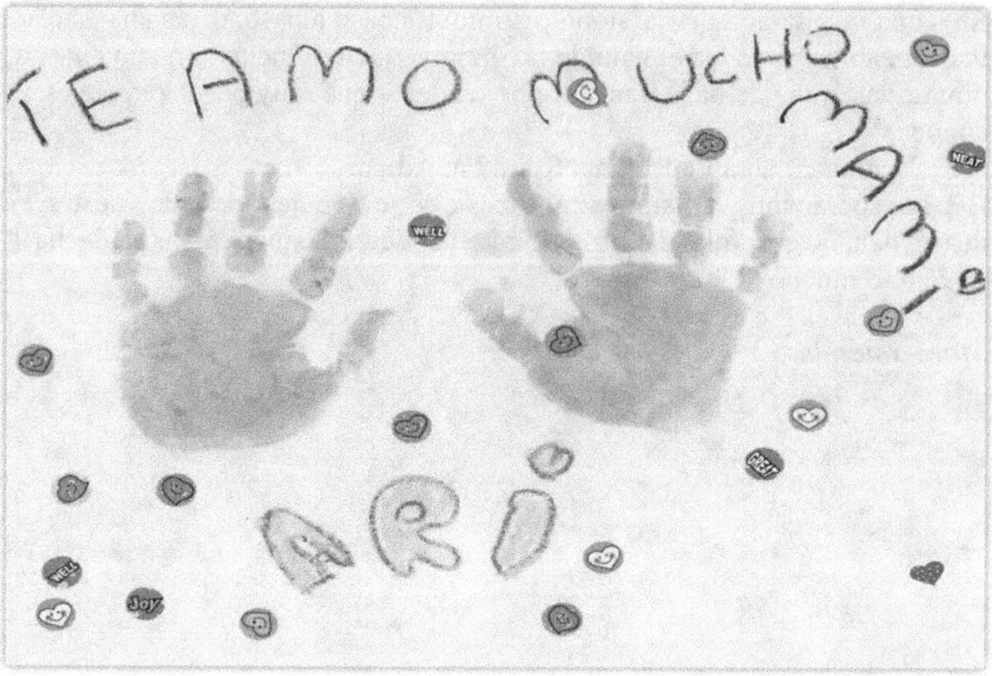

TE AMO MUCHO MAMI
ARI
Ron,
Suegrita te ama
y extraña mucho!
Refua Shlema' Bimehera
haces mucha falta en casa.
I LOVE YOU

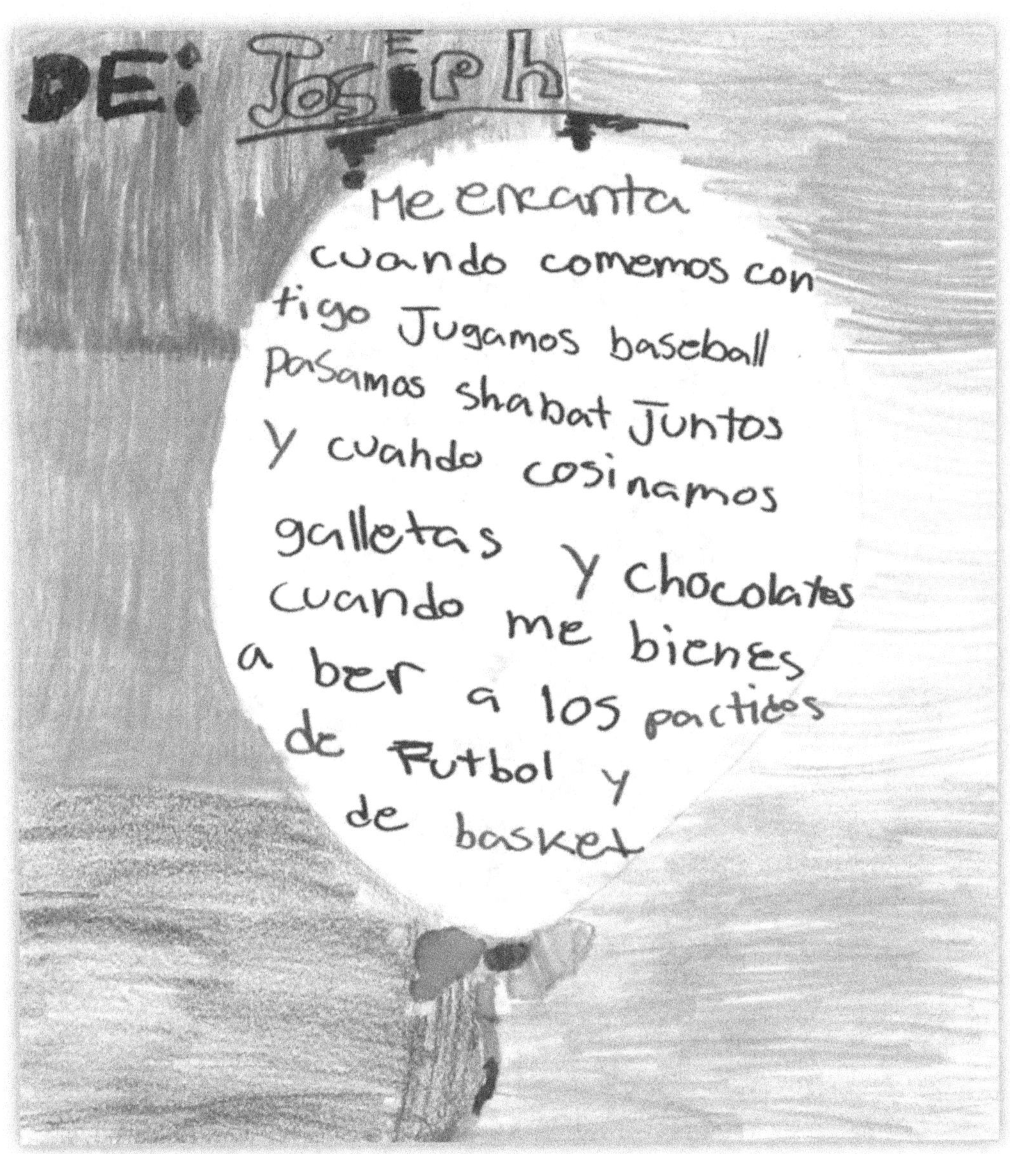
DE: Joseph
Me encanta
cuando comemos con
tigo Jugamos baseball
Pasamos shabat Juntos
Y cuahdo cosinamos
galletas   Y chocolates
cuando me bienes
a ber a los pactidos
de Futbol y
de basket

MAMI
LA CASA
ES UNICA
CUANDO TU
ESTAS

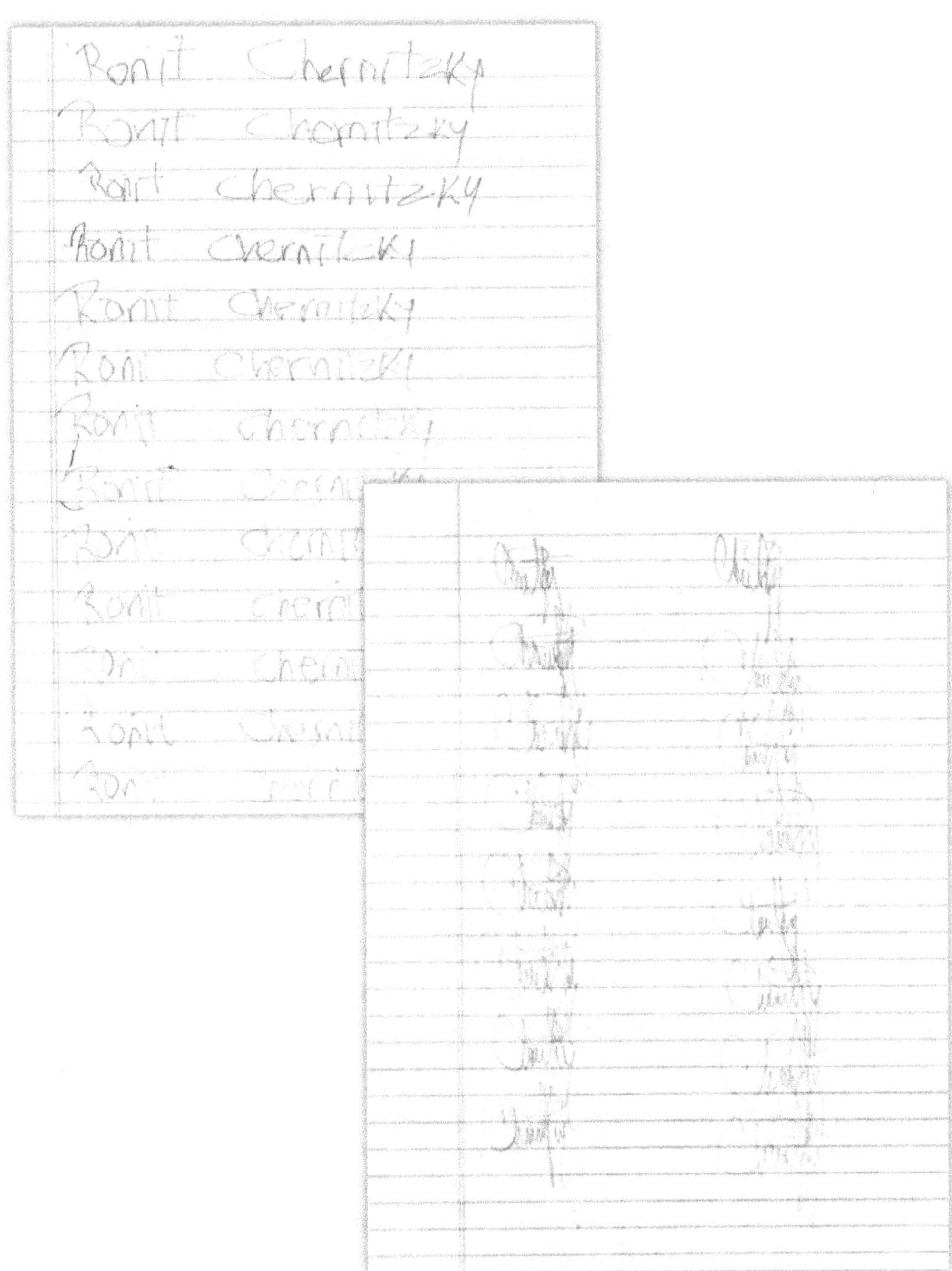

Ronit precticing her signature

MAMI
Te Extrañamos
Un
Millon
De:
Jacky

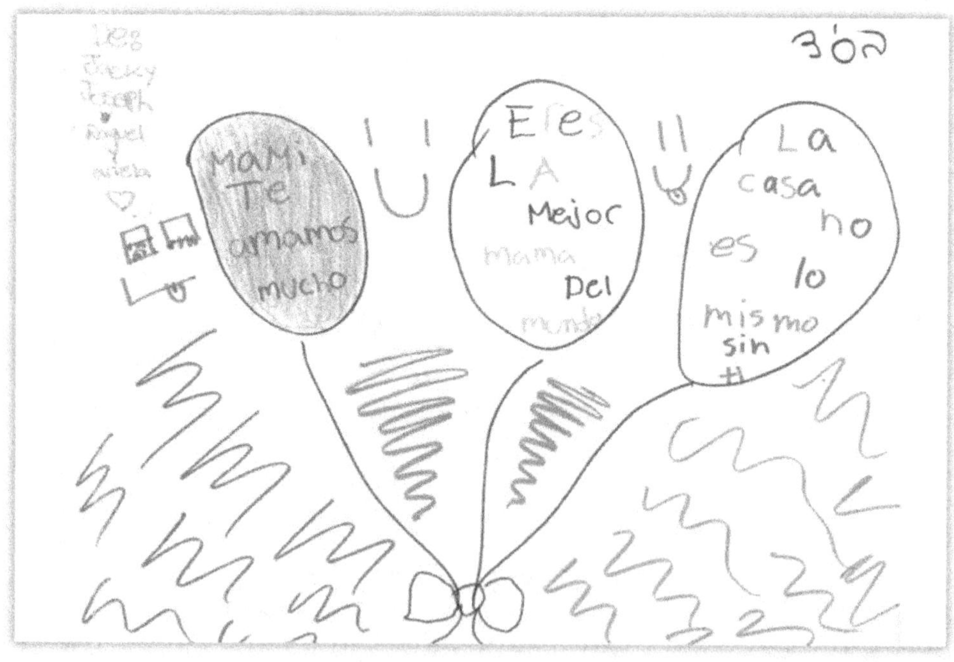
MaMi
Te amamos
mucho
Eres
LA
Mejor
mama
Del
mundo
La
casa
no
es
lo
mismo
sin
ti

"RONIT"
Qué alegría porfin verte,
hablar contigo y disfrutar
de tu familia. Te quiero
con todo mi corazón ! ! !

Te extrañamos
Mucho !

Jaime, Reina, Isaac
Tamy y Ariela!

Querida amiga: ¡Qué onda!

Tantas cosas que quiero contarte y cuantas q' tú me puedas contar. Nunca pensé extrañarte tanto. Me di cuenta en estos meses cuan importante eres en mi vida. Desde que te veía en las mañanas en el gym con tu iPod viendo sexies (que by the way me lo pegaste), con los niños, en el parque y en la sinagoga, q' hacer el trabajo no es lo mismo sin ti. Me haces mucha falta pero sé que todo volverá a ser igual o mejor que antes. Se en mi corazón que será así porque te conozco y siempre logras lo q' te propones y rápido. Quiero que sepas que eres una inspiración y ejemplo para todos, especialmente para mí y para Rafi: porq' al escuchar a Sammy contarnos sobre estados pudimos aprender a ver lo positivo de lo negativo. Lo bello de una relación "OPY" que lo puede lograr todo.

Tengo que contarte porque sé que no te acuerdas del día ese que llegaste al hospital con Sammy y llegue a intensivo y no podía creer lo q' estaba pasando, te tengo que confesar que no sabía cómo actuar, solo te agarré la mano fuerte y te dije tranquila que todo va a estar bien. Pero en el fondo me moría de susto, no te imaginas, pero sabía que una persona como tú, llena de virtudes y bondad tenía que salir de esto. Y cuando Sammy salió de despedirse de ti, nunca había visto llorar a alguien así... Y pensé, como la ama (wooo). Ese amor hará que Moshi se cure rápido. Gracias a D"s mil veces, estás con tus hijos con Sammy con tu flia y pronto con tus amigos q' te adoran.

¡TE EXTRAÑO MUCHÍSIMO!

¡TE ECHO DE MENOS!

¡YA NO PUEDO MÁS!

¿TE QUEDA CLARO,
O NECESITO DECÍRTELO UNA VEZ MÁS?

BUENO, AHÍ TE VA:
¡TE EXTRAÑO MUCHÍSIMO!

De todo corazón quiero decirte que puedes contar conmigo en todooo... lo que necesites amigos en las buenas y en las malas! Le pido a D"s que te de la fuerza y la fe para sobrepasar cada obstáculo que se te presente en el camino y que puedas volver pronto a tu casa porq' aquí se te extraña demasiado. Pero ni creas que no te vamos a caer pronto por allá a molestarte!! y a conocer México (yo casi mexicana por acá) Así q' avisa y corremos. Te quiero LORAINE!

Querida Ronit:

Durante estos últimos meses te he pensado a diario. Mis rezos y mis mejores esperanzas están en ti y en tu recuperación.

Desde el primer día que ingresaste al hospital en mi mente no cabía la posibilidad de que no estuvieras con nosotros. Sé que tu lucha no ha sido fácil, sinembargo, yo siempre fui muy exigente y sabía que ibas a estar con nosotros.

Tienes la buena suerte de estar rodeada de familiares y amigos que te quieren mucho. Tus amigas son increíbles y únicas. Tus padres cada uno a su modo no se despego de tu lado. Sammyprimo, fue increíble, tienes mucha suerte de tenerlo. Los pequeños Jacky y Joseph han demostrado ser unos hombrecitos de los que te tienes que sentir muy orgullosa. Las consentidas Raquel y Ariela no entendieron nada pero andaban estar contigo.

A pesar del camino que todavía tienes que recorrer para tu recuperación, siempre he tenido fe en ti, sabía que no te ibas a ir, ya que tienes mucha gente a tu lado por lo que vale la pena vivir.

Aquí en Panamá. Los Megolús grandes los extrañan mucho. Mis hijos chicos preguntan mucho por ti y por sus primitos. Extrañan jugar con ellos en el parque.

Sammy y yo te hemos extrañado todos los Shabat.

Yo Sarit extraño mucho tu pan, me han estado enviando otro panes tu competencia pero el tuyo es único. Echale ganas a tu recuperación porque en esta vida hace falta Pitsrná Ronit. By the way, me he estado preguntando que te parece tu nuevo nombre?

Hasta Pronto, un beso y muchos abrazos, Sarit

13/06/14

Estimada Roniti:

Si lees esta carta significa que podre verte nuevamente feliz junto a tu familia.

La carta tiene la intención de crear una esperanza de vida ójala funcione y si no no se pierde nada.

Nuestra vida esta llena de retos y dificultades este por el que estas pasando hoy es solo uno más.

Quiero que sepas que te tenemos hoy en nuestros pensamientos y que deseamos salgas triunfadora de esta batalla.

Si alguna vez te ofendi yo o mi familia te pido una disculpa esperando me la aceptes de todo corazón.

Concentrate en las risas, en el amor y en el bienestar del projimo para salir adelante.

Yo entiendo que todos los deseos que te escribo si los lees significa que ya no son necesarios, pero la palabra escrita puede llegar a ti ahora que estas dormida.

El mundo te quiere y necesita lucha y dejate querer.

Te mando un fuerte beso esperando poder dartelo de frente y con unas sonrisas.

Meri

Mi querida Uti!

Me voy con el corazón en pedazos dejandote asi y sabiendo que te llevan pero se que es para tu bienestar y tu salud. Estoy segura que con la ayuda de D-s muy pronto estarás bien y tendremos tiempo para celebrar cada dia de esta vida.

Uti, te quiero con todo mi ♥. Solo te deseo el bien que te mereces por ser esa gran mujer a quien debemos aprender todos.

sal adelante pronto TQM. ♥
— Alexis

Primero q' nada, Shana tova! q' hashem les mande toda la salud y bendiciones.

Nity, te mando este regalito para q' sepas q' siempre pienso en ti, y le pido todos los dias a hashem q' te mande fuerza para salir adelante.

Te quiero mil y te extraño mucho, y BH nos veremos pronto.

Te quiero!

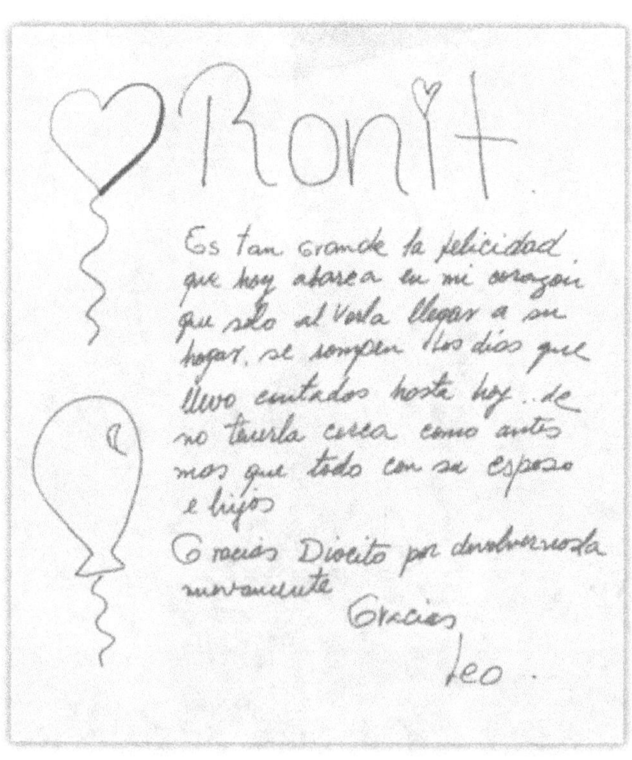

SOY SHARON

NITY : 2 cositas

1. QUISIERA ESTAR CONTIGO A CADA MINUTO DE ESTE CAMINO, PERO NO PUEDO.

2- ASI QUE CONTARE CADA DIA, ESPERANDOTE PARA VOLVER A LA VIDA, A LOS BBQ, A FELIX, A SHABAT, A TOMAR TES...

TE QUIERO !

בס״ד

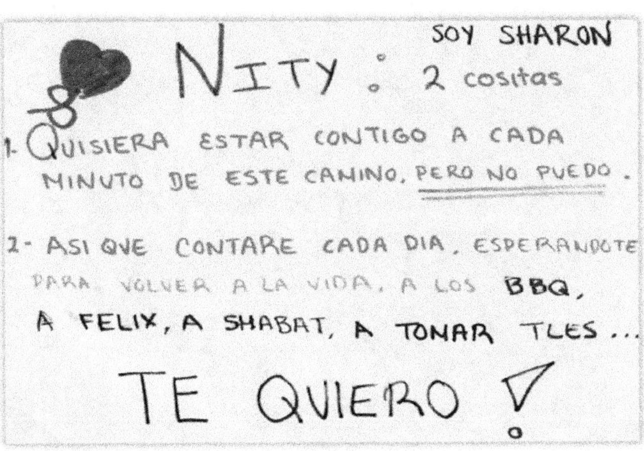

Querida Ronit:

No sé cómo empezar esta cartita pero que sepas que todo lo que te escribo sale con todo cariño de mi corazón.

Todo lo que te ha pasado es una prueba durisima que te mando HASEM, no sabemos nosotros las razones de lo que nos pasa pero estas AQUI , vas a poder ver a tus hijos jugar, sus sonrisas, pues con tus ojos los vas a llevar a la Jupá junto con tu maravilloso esposo que tiene unas Midots increibles, yo sé lo que te espera, tu rehabilitación no va a ser algo fácil vas a tener que ser muy fuerte y no te preocupes HASHEM te va a ayudar para que puedas caminar, y con tus manos cocinar, cambiar su ropa y ayudarlos en todo.

Pero no te rindas sigue con esa sonrisa tan hermosa, sigue dándole a todos bendiciones tu bitajón y tu emuná tienen que ser muy fuertes pues a pesar de todos tus sufrimientos y lo enferma y delicada que estuviste ESTAS AQUÍ.

Quiero que sepas que he ido muchos años al hospital pero en ningún momento he sentido por alguien como Tú.

Seguimos rezando con toda nuestra alma que te recuperes pronto y que HASHEM te de muchas fuerzas para superar esta prueba tan difícil.

Con mucho cariño

Susi Davidsohn

P.D. Te traigo este libro de una persona que tuvo unas pruebas terribles y salió adelante.

Espero te ayude cuando lo leas

de: Isaac
para: tia Ronit

Hola tia no se por donde empezar pero eres la mejor tia del mundo.
Eres buena, amorosa, amistosa, cool.
que el mensaje que mandaste, estaba bonito.
Is amo y nunca te voy a olvidar y que

te cures.

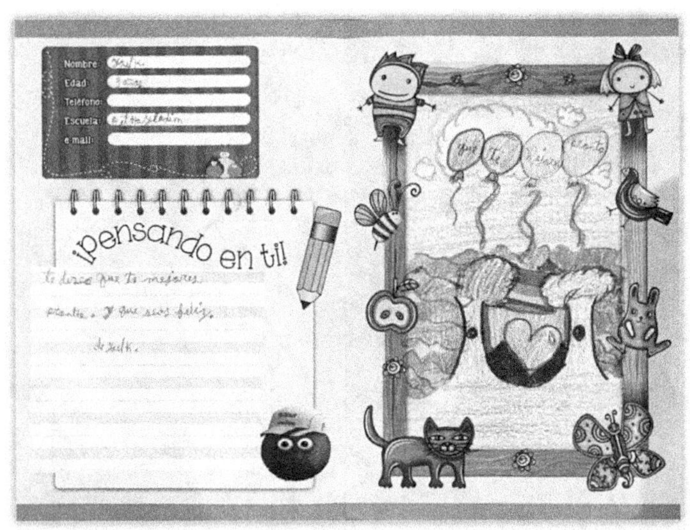

Nombre
Edad
Teléfono
Escuela
e mail
¡pensando en ti!

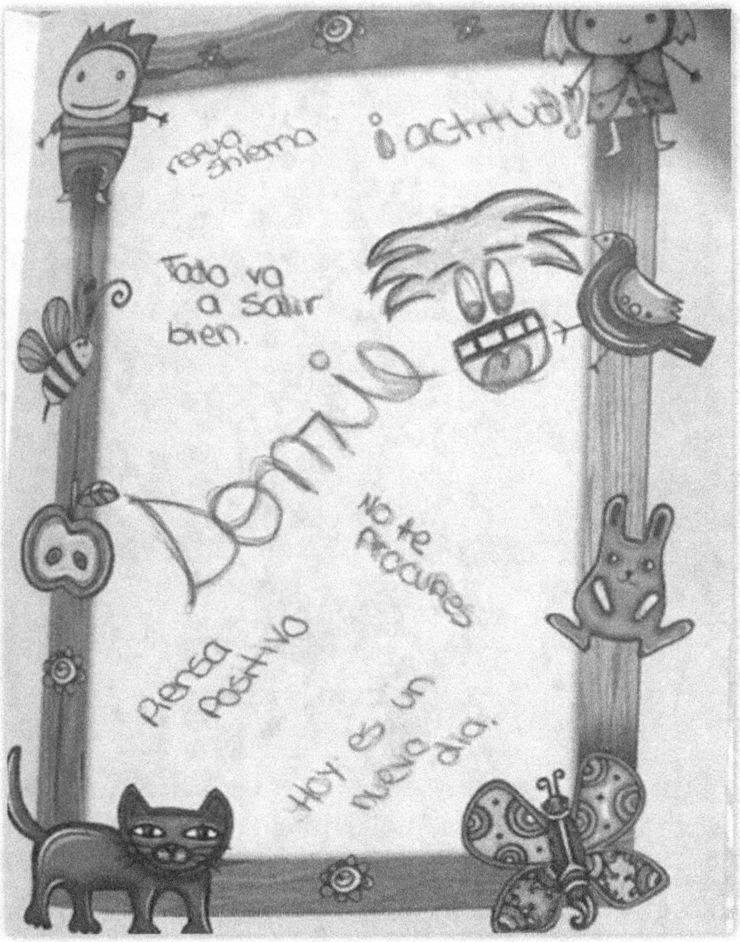
¡actitud!
Todo va a salir bien.
Sonrie
No te procupes
Piensa positivo
Hoy es un nuevo dia.

Ronit

No se por donde empezar para decir
gracias, gracias por todo lo que nos compraste,
gracias por los momentos que estabas
conmigo, gracias por poder ser parte
de tu vida etc....

Eres la mejor tia en el mundo, contigo
en ♥ mexico. pase unos mome
tod inolvidables, divertios y sobre
todo bonitos, por que estaba contigo.

Ahora que ya te vas a Panama
no significa que ya no vas a
estar conmigo. siempre te voy a
tener en mi corazon, siempre voy
a tener algo que te represent
a mi lado.

Te voy a extrañar como nunca,
Pero como tue estas feliz de irte
a Panama yo tambien.

Espero que puedas venir a mi bat
mitzva, por que sin ti no seria lo
mismo.

✳ Las toronjas te estan esperando
Gracias por recibirnos en shete

Te voy a extra-
ñar (infinito)

Gracias por
todo.

cemento

como eres muy especial nunca te olvidare

Con mucho amor y cariño Arala

RONIT

No se como darte las gracias por todo. No se cómo empezar.

estoy muy feliz por ustedes de q regresan a PANAMA pero no sabes la falta q nos van a hacer, los voy a Iper extrañar,

Voy a extrañar tu delicioso humus. Eres una tía fuera de lo Normal, y la verd te voy a extrañar 1000000 gracias por todo lo q nos diste ♥

Te deseo todo lo bueno y q siempre estemos en Alegrias y puras cosas buenas. I ♥ U

En shabat no se cómo le voy a hacer sin ustedes para q te des una IDEA de todo lo q los quiero haría todo Por ustedes Para lo que necesiten aqui vamos a estar.

Fue una experiencia INolvidable...
cada vez que coma toronja me voya Super acordar de ti.
Estoy tan triste q se van pero →

Mis frases favoritas

Valiente no es aquel que enfrenta un problema, valiente es aquel que
no se deja vencer por ninguno
-Anónimo

A veces no conoces el verdadero valor de un momento hasta que se
convierte en memoria
-Dr. Seuss

La vida es un 10% lo que nos ocurre, y un 90% cómo reaccionamos a
ello
-Charles Swindoll

El éxito surge de la lucha contra los obstáculos. Sin obstáculos no
hay verdadero éxito
-Samuel Smiles

La única vez que se debe mirar hacia atrás en la vida, es para ver lo
lejos que hemos llegado
-Anónimo

La vida tiene diferentes capítulos. Y un mal capítulo no significa el
final de la historia.
-Anónimo

El éxito en la vida no se mide por lo que logras, sino por los
obstáculos que superas.
-Jaime Cardoso

La vida es muy simple, pero insistimos en hacerla complicada
-Confucio

Tus creencias se convierten en tus pensamientos, tus pensamientos se convierten en tus palabras, tus palabras se convierten en tus acciones, tus acciones se convierten en tus hábitos, tus hábitos se convierten en tus valores, tus valores se convierten en tu destino.
-Mahatma Gandhi

Al final, no son los años en nuestra vida lo que cuenta, sino la vida en nuestros años
-Abraham Lincoln

Un minuto que pasa es irrecuperable. Conociendo esto, ¿cómo podemos malgastar tantas horas?
-Mahatma Gandhi

Tu éxito y felicidad están en ti. Manténte feliz, y tu gozo y tú formarás un ejército invencible contra las dificultades.
- Helen Keller

Incluso en los peores momentos, encuentra algo por lo que puedas estar agradecido, eso hará tus momentos más llevaderos".

Una persona puede cambiar su FUTURO simplemente cambiando su ACTITUD.
-Oprah Winfrey

Mostrar gratitud es una de las formas más poderosas de crear abundancia. Dar gracias es una de las maneras más hermosas de apreciar la vida
-Debasish Mridha